우분투 기반

임베디드 프로그래밍

노선식 著

21세기사

|머리말|

컴퓨터가 발명된 이후로 많은 연구자들은 컴퓨터를 발전시키기 위해 끊임없는 노력을 해왔습니다. 컴퓨터 기술의 발달은 컴퓨터를 이용하여 범용 작업을 하는 분야뿐만 아니라 다양한 시스템과 연계하여 특정한 목적을 수행할 수 있게 활용 범위를 확대하였습니다. 이중 특정한 목적으로 대형 시스템을 제어하기 위해 개발되기 시작한 시스템이 임베디드 시스템입니다.

초기 임베디드 시스템은 단순 시스템을 제어하기 위한 제어시스템으로 개발되었습니다. 하지만 최근 컴퓨터 기술과 다양한 산업 분야의 융합이 관심을 갖게 되면서, 임베디드시스템을 이용하여 효율성 및 자동화를 최대화하려는 노력이 다양한 산업군에서 일어나고 있으며, 소규모 시스템 뿐만 아니라 대규모 시스템을 위한 임베디드 시스템을 개발하고 있습니다. 일상 생활 환경을 구성하고 있는 스마트폰, 세탁기, 냉장고 등에 임베디드 시스템이 내장되어 있으며, 엘리베이터, 자동차, 보안장비 등에도 임베디드 시스템이 사용되고 있습니다.

미래 사회에 대한 인간의 상상력은 영화를 통해 표현되고 있습니다. 반면 많은 과학자들은 영화에 나타난 미래 기술을 현실에서 개발하려는 노력을 끊임없이 하고 있습니다. 이러한 노력을 기반으로 수십년에서 수년간 영화속에서 나타났던 것들이 지금 현재 구현되어 상용화되거나 가까운 미래에 실현될 전망입니다. 대표적인 것이 구글에서 제작한 구글 글래스, 무인자동차 및 다양한 분양에서 사용되고 있는 로봇 등입니다. 이와 같은 미래 기술에 기반이 되고 있는 것이 임베디드 시스템 기술입니다.

임베디드 시스템의 적용 분야가 확대됨에 따라 임베디드 시스템 하드웨어 및 소프트웨어를 개발할 수 있는 전문인력에 대한 수요가 증가하고 있습니다. 특히 국가에서는 미래 사회를 S/W 중심 사회로 정의하고, 미래 시스템에 사용되는 소프트웨어 개발 기술을 미래형 성장동력으로 선정하였습니다. 임베디드 소프트웨어는 미래의 S/W 중심 사회를 구현하는 핵심 소프트웨어 분야이며, 임베디드 소프트웨어를 개발할 수 있는 개발자에 대한 수요는 더욱 증가할 것입니다.

본 교재는 C언어를 기반으로 임베디드 시스템의 I/O 장치를 제어할 수 있는 임베디드 소프트웨어 개발 기술을 학습하고 실습하기 위해 만들어졌습니다. 개발 환경으로 범용 리눅스 시스템을 사용하고 있습니다. 특히 최근 리눅스 배포판으로 많은 인기를 얻고 있는 우분투 리눅스 환경에서 임베디드 소프트웨어를 개발합니다. 개발 PC의 성능이 향상됨에 따라 가상 시스템을 이용하여 두 개의 운영체제를 사용할 수 있기 때문에 기존의 윈도우즈를 사용하는 개발자들도 가상 머신을 통해 우분투 리눅스 환경에서 개발할 수 있도록 설명하였습니다. 기존의 리눅스환경에서는 다양한 서버들이 자동으로 설치되거나 쉽게 인터페이스가 설정되었지만, 우분투 환경에서는 설치프로그램을 이용하여 서버들을 설치해야 합니다. 임베디드 소프트웨어를 개발하기 위해서는 프로그래밍 언어, 운영체제, 데이터베이스, 컴퓨터네트워크, 네트워크 프로그래밍 등 컴퓨터에 대한 다양한 전문지식을 필요합니다. 따라서 본 교재는 대학교 3학년 2학기나 4학년에서 학습할 수 있는 내용으로 구성되어 있습니다.

본 교재는 1장에서 임베디드 시스템에 대한 개요와 구성에 대하여 설명하였습니다. 2장에서는 임베디드 시스템의 운영체제로 사용하고 있는 임베디드 리눅스의 개념에 대해 설명하고, 본 교재에서 개발 환경 운영체제로 사용하는 우분투 리눅스를 설치하는 과정을 기술하였습니다. 3장에서는 개발 환경을 구축하기 위해 호스트 머신과 타켓 머신을 물리적으로 연결하고 필요한 서버 프로그램 설치 및 인터페이스 설정을 설명하였습니다. 4장에서는 임베디드 시스템으 구동하기 위해 루트디바이스를 램디스크와 NFS로 구분하였으며, 각각의 루트디바이스를 이용하여 커널을 부팅하는 과정을 기술하였습니다. 5장부터는 임베디드 시스템의 I/O 장치인 LED, KEYPAD, 7-Segment 및 각 장치들을 연동하여 제어하기 위한 소프트웨어를 개발하는 과정과 소스 코드를 설명하였습니다.

|목 차|

제 **1** 장
임베디드시스템 개요

1 임베디드시스템 개요

가. 임베디드시스템 정의

현대인의 생활속에서 빼놓을 수 없는 것이 컴퓨터시스템이다. 특정 기관에서만 사용하던 컴퓨터 시스템을 현재는 가정이나 사무실에서 개인용 컴퓨터(PC, Personal Computer)를 이용하여 다양한 일들을 할 수 있도록 발전하였다. 컴퓨터 시스템은 업무적인 용도뿐만 아니라 스마트폰과 같이 생활과 밀접한 용도로도 사용되고 있다. 이동통신단말기의 발달 과정을 보더라도 전화기능을 주요기능으로 했던 핸드폰에서 마이크로프로세서의 발달로 컴퓨팅 기능이 향상된 스마트 폰으로 진화를 하였다. TV기술을 보면 흑백 TV에서 칼라 TV, 아날로그 TV에서 디지털 TV로 발전하고 있다. 디지털 방송 기술의 발달로 HDTV, IPTV, 3DTV 등 다양한 방법으로 고품질의 방송 서비스를 제공하고 있다. 더욱이 고품질 방송 콘텐츠에 대한 시청자들의 요구로 인해 방송 서비스는 완전 HDTV(High- Definition TV)가 제공하는 화질보다 4배에서 16배 이상 선명한 초고화질 비디오를 제공하는 UHDTV (Ultra HDTV)로 발전하고 있다.

컴퓨터시스템을 활용 용도에 따라 구분을 하면 범용 컴퓨터 시스템(General Purposed Computer System)과 임베디드시스템(Embedded System, 내장형 시스템)으로 구분할 수 있다. 범용 컴퓨터 시스템은 일반 PC와 같이 다양한 목적을 수행할 수 있도록 만들어진 시스템이다. 컴퓨터시스템을 사용하는 사용자의 목적에 따라 다양한 기능을 수행할 수 있는 시스템이 범용 컴퓨터 시스템이다. 임베디드시스템에 대한 정의는 표 1-1과 같이 다양하지만, 통합적인 의미로 '대형 시스템에 포함되는 전자적 시스템으로서 특정 기능을 수행하는 하드웨어와 소프트웨어로 구성된 컴퓨터시스템'이라고 정의할 수 있다. 임베디드시스템과 범용시스템을 구분하는 중요한 점은 시스템의 사용목적이다. 즉 임베디드시스템은 특정 기능을 수행하는 시스템이며, 범용시스템은 다양한 기능을 수행할 수 있는 시스템이다. 임베디드시스템을 내장형시스템이라고 하는 것은 임베디드시스템이 독립적인 시스템으로서 사용되기보다는 대형 장치나 시스템을 제어하기 위해 내장되어 사용되기 때문이다.

표 1-1 임베디드시스템의 다양한 정의

- 마이크로프로세서/마이크로 컨트롤러를 내장(embedded)하여 원래 설계자가 원하는 특정한 기능만을 수행하는 장치
- 특정한 기능을 수행하도록 프로그램이 내장되어 있는 시스템
- 일반적으로 보다 큰 시스템의 일부이거나 독립된 시스템
- 특별한 업무를 수행하거나 사용자가 임의로 정한 업무를 수행
- 하드웨어와 소프트웨어를 포함하는 특정한 응용시스템
- 특정 기능을 수행하도록 하드웨어와 소프트웨어가 최적화 되어 있는 시스템
- 하드웨어와 소프트웨어의 변경이 매우 어려운 시스템
- 개인 휴대 정보 단말, 지리 정보 시스템, 의료 정보 단말, 정보가전, 게임기기, 자동차, 항공기 및 우주선, 의료 및 산업 원격 조종 장비 등의 시스템을 총칭

나. 임베디드시스템 종류

1) 이동통신단말기: 휴대폰/스마트폰, PDA

2) 가전제품: 디지털TV, 전자밥솥, 냉장고, 에어콘

3) 영상장비: PMP, MP3플레이어, 디지털 비디오 플레이어, 디지털카메라, 캠코더

4) 네트워크장비: 셋탑박스, 라우터, 유무선공유기, DMB 수신기, 위성수신기

5) 저장장치: USB 저장장치

6) 산업체 제어시스템

7) 로봇 제어 시스템

8) 홈 네트워크 장비

〈출처 : embedded-vision alliance〉

그림 1-1   임베디드시스템 종류

다. 임베디드시스템 특징

1) 범용 컴퓨터시스템에 비해 하드웨어가 저사양이다.

임베디드시스템은 특정 기능을 수행하도록 만들어진 시스템이기 때문에, 그 기능을 성공적으로 수행할 수 있는 최소의 하드웨어를 갖는다. 또한 다양한 기능을 수행하지 않기 때문에 하드웨어 사양이 낮다. 예를 들어 범용 컴퓨터시스템에 사용되는 마이크로프로세서에 비해 임베디드시스템에서 사용하는 마이크로프로세서는 클럭속도가 낮다. 또한 대용량의 데이터를 사용하지 않기 때문에 메모리의 용량이 작다. 임베디드 시스템은 개인용 컴퓨터에서 쓰이는 일반 주변장치 인터페이스에 비해 1000배 정도는 느린 직렬 버스 방식으로 제어되는 주변 장치를 사용하는 경우가 많다. 하지만 임베디드시스템 중에서도 실시간(real time)을 요구하는 실시간 임베디드시스템은 범용시스템보다 더 높은 성능을 갖는 하드웨어로 구성된다.

2) 임베디드시스템은 저가이다.

임베디드시스템은 커다란 시스템에 내장되는 시스템으로, 특정 기능을 수행하는 장비나 시스템의 제어 시스템으로 사용된다. 임베디드시스템의 가격이 높아질수록 전체 시스템의 가격을 상승시킨다. 많은 임베디드 시스템이 수백만 개 규모로 양산되기 때문에, 생산 비용을 줄이는 것이 주요 관심사 중 하나이다. 몇몇 임베디드 시스템들은 고성능 처리 능력과 자원을 필요로 하지 않기 때문에 느린 프로세서와 작은 크기의 메모리를 탑재하여 비용을 절감할 수 있다.

3) 임베디드시스템은 소형이며 저전력시스템이다.

임베디드시스템은 전원이 인가된 후 설정된 기능을 수행하기 시작하면, 오랜 기간동안 시스템을 종료하지 않고 가동되어야 한다. 그러기 위해서는 시스템에서 요구하는 소비전력이 적어야 한다. 모바일 장치는 밧데리를 이용하여 전원을 공급하기 때문에 저전력시스템으로 개발되어야 한다.

4) 열악한 환경속에서도 목적된 기능을 수행해야 한다.

임베디드시스템은 온도, 진동, 고도, 습도 등 열악한 환경속에서도 처음에 목표한 성능을 나타낼 수 있도록 강한 내구성을 갖는다.

5) 자기복구 기능을 갖는 경우도 있다.

임베디드 시스템이 적용되는 분야는 석유 시추공, 우주공간 등 인간이 직접 즉각적인 제어를 하기 어려운 장소일 수 있다. 따라서 임베디드 시스템은 최악의 상황에서도 스스로 다시 기동할 수 있어야 한다.

6) 실시간성을 갖는 시스템

실시간시스템이란 특정 이벤트를 감지한 후 처리하여 결과를 도출할 때까지 시간이 정해진 시간안에 있는 시스템이다. 임베디드시스템 중에는 하드웨어위에 시간적 제한을 갖는 소프트웨어로 구성되는 실시간 임베디드시스템이 있다. 예를 들어, 미사일 격추 시스템이나 재해 경보 시스템이 실시간 임베디드시스템이다.

2 임베디드시스템 구성

임베디드시스템은 마이크로프로세서, I/O 장치, 메모리, 제어 장치 등으로 구성되는 임베디드 하드웨어와 운영체제(커널), 시스템프로그램, 응용 프로그램으로 구성되는 임베디드 소프트웨어로 구성된다.

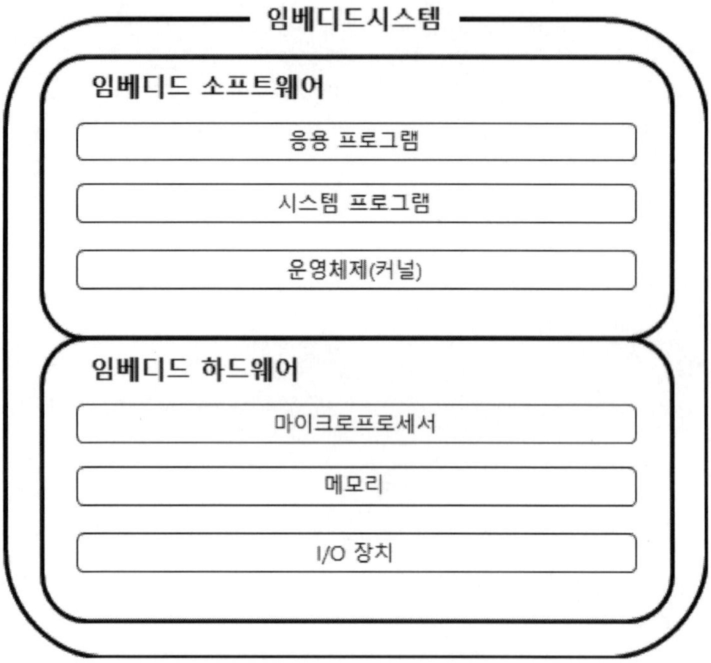

그림 1-2 임베디드시스템 구성

가. 임베디드 하드웨어

임베디드 하드웨어는 임베디드시스템을 구성하는 물리적인 요소를 말한다.

1) CPU 플랫폼

컴퓨터 시스템에서 연산기능은 CPU(Central Process Unit)에서 수행된다. 임베디드 시스템에는 ARM, MIPS, 콜드파이어/68K, PowerPC, x86, PIC 마이크로컨트롤러, 8051 등 많은 다양한 CPU 아키텍처가 사용된다. 임베디드시스템에서 CPU를 이야기할 때 마이크로프로세서 또는 마이크로컨트롤러라는 용어와 같이 사용한다.

마이크로프로세서(micro-processor)[1]는 컴퓨터의 연산장치와 제어장치를 1개의 작은 실리콘 칩에 집적시킨 처리장치이다. 연산을 미리 설계된 순서에 의해 체계적으로 실행할 뿐만 아니라 컴퓨터의 각 장치에 제어 신호를 제공하는 제어장치를 1개의 작은 실리콘 칩에 집적시킨 초대규모 집적회로로 이루어진 처리장치이다. 내부는 산술논리연산기, 레지스터, 프로그램 카운터, 명령 디코더, 제어회로 등으로 구성되어 있다. 마이크로프로세서는 주기억장치에 저장되어 있는 명령어를 인출하여 해독하고, 해독된 명령어를 실행하며 실행 결과를 다시 주기억장치에 저장할 수 있는 기능 등을 자동으로 수행함과 동시에 입출력 장치들과도 데이터 교환을 수행한다. 마이크로 프로세서는 일반적으로 MPU(micro processor unit)로 불리며 한개의 LSI로 집적되어 있지만 몇개의 LSI에 분할되는 경우도 있으며 8비트MPU 또는 32비트MPU와 같이 비트수와 함께 부르는 것이 보통이다.

마이크로 프로세서(Microprocessor)라 불리는 CPU는 보조해주는 주변 LSI 칩들이 필요하다. 예를 들어, Z80을 컨트롤러로 사용하기 위해서는 CTC(타이머), PIO(병렬 입출력), SIO(직렬 입출력), ROM(프로그램 메모리), RAM(데이터 메모리) 등이 기본적으로 필요하다. 반면 마이크로컨트롤러(micro controller)는 1개의 칩내에 CPU 기능은 물론이고 일정한 용량의 메모리

---

1) 마이크로프로세서는 MPU, MCU 및 DSP(Digital Signal Processor) 등 CPU의 기능을 포함하는 단일 반도체 소자를 모두 지칭하는 광의적인 의미로 사용한다.

(ROM, RAM 등)와 입출력 제어 인터페이스 회로까지를 내장한 것을 말한다. 마이크로컨트롤러는 일반적으로 MCU(micro controller Unit)으로 불린다. CPU를 보조하는 LSI들을 칩에 내장하고 있기 때문에, 사용자가 이를 구성할 필요가 없어 보다 편리하고 간단하게 컨트롤러를 구성할 수 있다.

2) 메모리

메모리는 데이터를 저장하는 컴퓨터시스템 구성요소이다. 메모리에 소프트웨어가 내장되거나 실행시 필요한 저장 공간을 제공한다. 메모리의 용량은 수십 킬로바이트에서 수 기가바이트까지 다양하다. 범용 시스템에서는 수 테라바이트 크기의 메모리가 사용되기도 하지만, 임베디드시스템은 하드웨어 최적화와 목표 기능을 제공할 수 있는 최소한의 메모리를 사용한다. 임베디드시스템은 범용시스템에 비해 메모리 증설이 어렵거나 제한되어 있으므로 목표 기능을 수행할 수 있는 메모리 양을 계산하여 설계하는 것이 중요하다.

메모리는 전원인가에 따른 특성에 따라 비휘발성 메모리(Non-volatile memory)와 휘발성 메모리(Volatile Memory)로 구분한다. 비휘발성 메모리는 전원이 인간되어 있지 않더라도 메모리에 저장된 내용이 지속적으로 유지되는 메모리이고, 휘발성 메모리는 전원이 인가되지 않으면 메모리에 저장된 내용이 삭제되는 메모리이다.

비휘발성 메모리에는 ROM(Read-Only Memory), FLASH 메모리, NVRAM(Non-volatile Random Access Memory) 등이 있다. ROM은 읽기 기능만 가능한 메모리로, 시스템을 부팅하는데 있어서 필요한 정보(프로그램)를 갖고 있는 메모리이다. ROM은 바이오스나 운영체제 또는 펌웨어의 저장에 쓰였으나 최근에는 일부분이 읽고 쓰기가 가능한 플래시 메모리로 대체되고 있다. ROM에 데이터를 쓰기 위해서 ROM 라이터를 사용한다. FLASH 메모리는 파일을 읽거나 쓸수 있는 메모리로, 이미지 파일을 저장한다. NVRAM은 비휘발성 RASM으로 설정파일을 저장하는데 사용된다.

표 1-2 메모리 비교

구분	메모리 종류		특징
비휘발성 메모리	ROM	Mask ROM	• 칩 제조사에서 영구적으로 자료를 저장한 ROM
		EEPROM	• 전기적으로 반복 삭제 가능한 ROM, 바이트 단위로만 쓰기 가능
	FLASH		• 블록 단위로 읽기 및 쓰기 가능 • NAND 및 NOR 형태가 있음
휘발성 메모리	RAM	DRAM	• 하나의 Cell이 하나의 트랜지스터와 1개의 커패시터로 구성 • 용량이 큰 장점 • 재생으로 인해 느린 접근 속도의 단점
		SRAM	• 하나의 Cell이 6개의 트랜지스터로 구성된 플립플롭을 사용 • 용량이 작음 • 빠른 접근 속도

휘발성 메모리에는 RAM(Random Access Memory)가 있다. RAM은 전원이 인가된 후 시스템이 실행되면서 필요한 데이터나 임시적으로 발생한 데이터를 저장하는데 사용된다. RAM은 어느 위치에 저장된 데이터를 접근하는데 동일한 시간이 걸린다. RAM은 데이터를 저장하기 위해 재생(Refresh)여부에 따라 DRAM(Dynamic Random Access Memory)와 SRAM(Static Random Access Memory)로 구분한다. DRAM은 데이터를 유지하기 위해 일정 시간마다 재생해 주어야 하는 RAM이며, SRAM은 전원이 공급되는 동안 데이터가 유지되는 램으로 DRAM에 비해 접근 속도가 빠르나 고가이다.

3) I/O 장치

임베디드시스템에서는 외부와의 통신을 하기 위해서 다양한 입출력(I/O, Input/Output) 장치를 사용한다. 기본적으로 I/O 장치는 시스템을 사용하는 사용자로부터 데이터를 입력 받거나 출력하는 기능을 수행하지만, 임베디드시스템에서는 이러한 기본 기능 외에 다양한 객체로부터 데이터를 입/출력한다. 임베디드시스템의 I/O 장치는 다음과 같다.

- 네트워킹 및 통시 장치: Ethernet, 블루투스, 무선 장치
- 입력 장치: 키보드, 키패드, 마우스, 음성, 터치스크린
- 출력 장치: LED, 터치스크린, 모니터, 7-세그먼트, 프린터
- 디버깅 장치: BDM(Background Debug Mode), JTAG(Joint Test Action Group)
- 저장장치

임베디드시스템은 내부에 있는 제어기(Controller)를 통해 각 장치들의 동작을 제어한다. 네트워크 연결을 가능하게 하는 이더넷컨트롤러, LCD 액정을 구동해 주는 LCD 드라이버 장치, UART제어 장치 등이 대표적이다. UART(범용 비동기화 송수신기, Universal asynchronous receiver/transmitter)는 병렬 및 직렬 방식으로 데이터를 전송하는 컴퓨터 하드웨어의 일종이다. UART는 일반적으로 EIA RS-232, RS-422, RS-485와 같은 통신 표준과 함께 사용한다.

나. 임베디드 소프트웨어

임베디드 소프트웨어는 임베디드시스템에 탑재되어 설계 목적에 따라 임베디드 하드웨어를 제어하는 소프트웨어이다. 즉 임베디드 소프트웨어는 임베디드 하드웨어를 제어하기 위해 임베디드 시스템에 들어가는 명령어 집합이다. 기본적으로 하드웨어를 제어하고, 하드웨어 운영에 필요한 정보를 사용자에게 보여주고, 사용자로 하여금 제어 정보를 수신하여 동작시키는 기능을 수행한다.

임베디드 소프트웨어는 시스템 소프트웨어[2]와 어플리케이션 소프트웨어로 구분한다. 시스템 소프트웨어는 디바이스 드라이버, 운영체제, 미들웨어 등이며, 어플리케이션 소프트웨어를 지원하는 소프트웨어이다. 어플리케이션 소프트웨어는 임베디드 기기의 기능과 목적을 정의하고, 사용자와 관리자 간의 대부분의 상호작용을 관리하는 상위 계층 소프트웨어이다.

---

[2] 일반적으로 시스템 소프트웨어는 운영체제를 포함하고 있으나, 운영체제중 커널을 제외한 시스템 소프트웨어를 지칭한다.

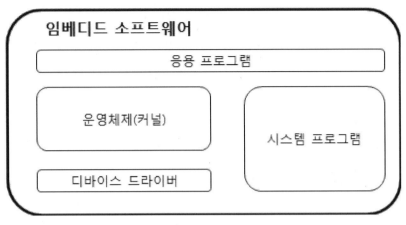

그림 1-3 임베디드 소프트웨어

1) 디바이스 드라이버(Device Driver)

디바이스 드라이버는 하드웨어를 제어하고 인터페이스를 제공하는 프로그램 집합이다. 임베디드 시스템 뿐만 아니라 범용 시스템에서도 하드웨어(장치)를 제어하고 해당 장치를 사용하는 상위계층 소프트웨어에 인터페이스를 제공하는 역할을 수행하는 것이 디바이스 드라이버이다. 범용 시스템에서는 필요에 따라 다양한 장치를 탈부착할 수 있기 때문에 운영체제내에 다수의 디바이스 드라이버를 포함한다. 하지만 임베디드 시스템은 하드웨어적인 제한과 처리 속도의 보장을 요구하기 때문에 다양한 디바이스 드라이버를 사용하지 않고 임베디드 시스템을 구성할 때 사용하는 장치들에 대한 디바이스 드라이버를 갖게 된다.

2) 운영체제(OS, Operating System)

운영체제는 사용자가 컴퓨터 시스템을 손쉽게 사용할 수 있도록 시스템 자원(기억장치, 프로세서, 입출력 장치, 네트워크 장치, 파일구조 등)들을 효율적으로 관리할 수 있도록 하는 프로그램 집합이다. 모든 컴퓨터 시스템이 운영체제를 필요로 하는 것은 아니다. 시스템이 작거나 특정 기능만 수행할 경우는 운영체제보다는 특정 프로그램(펌웨어)을 사용한다. 하지만 시스템의 기능이 고도화되고 다양화되면서 운영체제는 시스템을 구성하는 필수 요소가 되고 있다. 일반적인 운영체제는 메모리의 할당 및 회수와 관련된 메모리 관리 기능, 명령어들이 체계적이고 효율적으로 수행되도록 프로세서를 관리하는 프로세서 관리 기능, 시스템 내의 모든 장치를 프로그램에 할당하고 회수하는 장치 관리 기능, 모든 파일에 사용자별로 파일 접근 권한을 부여하고 접근 권한에 따라 파일을 할당하는 파일 관리 기능, 네트워크 자원을 관리하는 네트워크 관리 기능 등을 수행한다.

운영체제의 핵심 구성요소가 커널이다. 커널은 운영체제의 다른 부분 및 응용 프로그램 수행에 필요한 여러 가지 서비스를 제공한다. 펌웨어와 장치 드라이버의 도움을 받아 운영 체제는 모든 컴퓨터 하드웨어 장치에 대한 가장 기본 수준의 제어 서비스를 제공한다. 커널은 RAM을 통해 프로그램을 위한 메모리 접근을 관리하며 어느 프로그램이 어느 하드웨어 자원에 접근할지를 결정한다. CPU의 동작 상태를 최적으로 설정 및 초기화하고 디스크, 테이프, 플래시 메모리와 같은 매체의 파일 시스템을 갖춘 장시간 비휘발성 기억 장치를 위한 데이터를 정리한다.

운영 체제 내에서의 커널의 영역과 그 구성에 따라 단일형 커널(monolithic kernel), 마이크로 커널(micro kernel)등으로 분류한다. 단일형 커널은 커널의 다양한 서비스 및 높은 수준의 하드웨어 추상화를 하나의 주소 공간으로 묶은 것이다. 단일형 커널은 하드웨어 위에 높은 수준의 가상 계층을 정의한다. 높은 수준의 가상 계층은 기본 연산 집합과 관리자 모드에 작동하는 모듈인 프로세스 관리, 동시성, 메모리 관리 등의 운영 체제 서비스를 구현하기 위한 시스템 콜로 되어 있다. 연산들을 제공하는 모든 모듈이 전체로부터 분리되어 있더라도 모든 모듈이 같은 주소 공간에서 실행되기 때문에 코드의 집적도는 매우 조밀하며 수정하기 어렵고 한 모듈의 버그는 시스템 전반을 멈추게 할 수 있다. 그러나 구현이 신뢰할 수 있을 정도로 완성되면 구성 요소의 내부 집적이 내부의 시스템 이용을 효과적이게 하여 좋은 단일형 커널은 높은 효율을 보인다. 마이크로커널은 하드웨어 위에 매우 간결한 추상화를 정의한다. 기본 연산 집합과 운영 체제 서비스를 구현한 스레드 관리, 주소 공간, 프로세스간 통신의 작은 시스템 콜로 이루어져 있다. 일반적으로 커널이 제공하는 네트워킹과 같은 다른 서비스들은 사용자 공간 프로그램인 서버로 구현한다. 마이크로커널은 하드웨어 추상화에 대한 간결한 작은 집합을 제공하고 더 많은 기능은 서버라고 불리는 응용 소프트웨어를 통해 제공한다.

일반적인 PC에서 사용하는 운영체제는 마이크로소프트의 윈도우즈, 애플사의 OS X, 리눅스가 있다. 임베디드 시스템은 범용 시스템에 비해 하드웨어의 구성 및 성능이 시스템의 구현 목적에 최적화 되어 있기 때문에 범용 운영체제를 사용하지 못하는 경우가 있거나 범용 운영체제를 사용할 경우 시스템 목적에 맞는 성능이 나오지 않을 수 있다. 따라서 개발하려는 임베디드 시스템이 어떠한 기능을 수행하는지, 그 복잡도는 어느 정도인지, 실시간성을 요구하는지, 개발 기간은 얼마나 필요한지, 필요한 자원들은 제공되는지에 따라 임베디드 시스템에 맞는 운영체제를 사용해야 한다. 이와 같이 임베디드 시스템을 위해 개발된 운영체제를 임베디드 운영체제 라고 한다. 임베디드 운영체제의 예로는 Windows CE, 임베디드 Linux, 그리고 임베디드 시스템에서 Java를 쓸 수 있도록 하는 임베디드 Java와 퍼스널 Java 등이다.

임베디드 운영체제 중 임베디드 시스템이 가지는 특성 중 실시간적인 요소를 충족하기 위해서 나온 운영체제가 실시간 운영체제(RTOS, Real-Time Operating System)이다. RTOS는 임베디드 운영체제의 일부로서 정해진 시간 내에 이벤트를 처리하는 능력 및 신뢰성을 강화한 운영체제이다. RTOS는 선점형 멀티태스킹을 지원하며 PO SIX를 지원한다. 각 태스크들은 우선순위를 가지고 있어 높은 우선순위를 가지는 태스크들이 먼저 실행되는 구조이다. RTOS는 보통 커널 모드와 사용자 모드가 있어 시스템 콜에 의해서 이 모드에 대한 독립성을 보장한다. 또한 통합개발환경과 디버깅 툴을 개발하여 개발자들이 쉽게 개발할 수 있도록 지원하고 있다. 단점이라면 이들 RTOS들이 대부분이 상용 OS들이라 라이센스 비용이 만만치 않은 것이다. RTOS의 예로는 ISI의 pSOSystem, WindRiver의 VxWorks, 마이크로텍의 VRTX, 마이크로웨어의 OS-9 등의 상용 RTOS와 교육용으로 나온 uCOS Real-Time Kernel이 있다. 또한 임베디드 리눅스를 실시간성을 제공할 수 있도록 개발한 RT-Linux가 있다.

3) 시스템소프트웨어-펌웨어

펌웨어는 특정 하드웨어 장치에 포함된 소프트웨어로 ROM이나 PROM에 저장한다. 소프트웨어를 읽어 실행하거나 수정되는 것이 가능하기 때문에 하드웨어보다는 수정하기가 쉽지만, 소프트웨어보다는 어렵다. 펌웨어의 예로는 PC의 바이오스, PMP, DVR, MP3 플레이어, 가전전자제품 등의 프로그램이 있다.

4) 시스템소프트웨어-미들웨어

미들웨어는 운영체제로부터 이용 가능한 소프트웨어들과 독립적으로 응용 소프트웨어에 서비스를 제공하는 컴퓨터 소프트웨어이다. 양 쪽을 연결하여 데이터를 주고 받을 수 있도록 중간에서 매개 역할을 하는 소프트웨어나 네트워크를 통해서 연결된 여러 개의 컴퓨터에 있는 많은 프로세스들에게 어떤 서비스를 사용할 수 있도록 연결해 주는 소프트웨어를 말한다. 3계층 클라이언트/서버 구조에서 미들웨어가 존재한다. 웹 브라우저에서 데이터베이스로부터 데이터를 저장하거나 읽어올 수 있게 중간에 미들웨어가 존재하게 된다.

5) 응용 소프트웨어

응용 소프트웨어는 운영체제, 시스템소프트웨어, 디바이스 드라이버 등을 이용하여 임베디드 시스템을 설계 목적에 맞게 제어하는 프로그램이다. 응용 소프트웨어는 시스템 소프트웨어 계층의 최상위에 위치하며, 시스템 소프트웨어에 의존적이고, 시스템 소프트웨어에 의해 관리되고 수행된다.

3 임베디드 시스템 분류 기준

일반 PC를 분류할 때 PC를 구성하는 다양한 요소들의 성능이나 용량을 기준으로 분류를 하지만 유일한 기준을 가지고 분류를 하지 않는다. 임베디드 시스템도 임베디드 시스템을 분류할 수 있는 유일한 기준은 존재하지 않으며, 임베디드 시스템을 구성하는 다양한 구성요소중에서 특정 기준을 가지고 분류를 한다.

가. 마이크로프로세서와 타겟 보드

일반 PC를 386이나 펜티엄 또는 I7과 같이 구분하는 것은 PC에서 사용하는 마이크로프로세서의 종류에 따라 구분하는 것이다. 마찬가지로 임베디드 시스템도 가장 핵심 요소인 마이크로프로세서의 종류에 따라 구분할 수 있다. 개발자 입장에서는 가장 중요한 분류 기준이다. 마이크로프로세서와 타겟 보드의 종류에 따라 임베디드 시스템을 설계하고 개발하는 방법이 달라지기 때문에 개발자들은 마이크로프로세서와 타겟 보드에 따라 제품군을 구분하려고 한다. 특히 개발자들은 마이크로프로세서 제조사에서 개발툴을 얼마나 제공하느냐에 따라 선택을 달리하기 때문에 마이크로프로세서에 의해 임베디드 시스템을 구분하는 것이 필요하다.

그림 1-4 인텔 PXA250

그림 1-5 ARM기반 타겟보드

나. 소프트웨어 크기

임베디드 시스템을 운영하는 소프트웨어 크기에 따라 임베디드 시스템을 구분할 수 있다. 소프트웨어의 크기가 클수록 더 좋은 하드웨어 성능을 요구한다. 세밀한 제어 및 엄격한 성능을 요구하는 임베디드 시스템일수록 대규모 소프트웨어를 사용하게 된다.

다. 메모리 용량

컴퓨터시스템에서 모든 프로그램은 메모리를 통해 실행되며, 메모리의 용량에 따라 처리 속도가 달라진다. 사용하는 소프트웨어의 크기가 커질수록 더 많은 용량의 메모리를 요구한다. 시스템을 구성하는 메모리를 고려할 때 우선적으로 고려해야하는 것이 메모리의 종류이다. 하지만 동일 종류의 메모리를 사용할 경우 메모리의 용량이 시스템을 구분하는 중요한 요인이 된다. 일반 PC에서도 메모리의 용량에 따라 실행되는 프로그램의 종류 및 속도가 달라지게 된다. 하지만 메모리의 용량이 커질수록 임베디드 시스템의 가격이 높아지기 때문에 사용하는 메모리의 용량이 제한되며, 이에 따라 임베디드 시스템을 구분할 수 있는 것이다.

라. 운영체제

임베디드 시스템을 구분하는 두가지 중요한 요소는 마이크로프로세서/타겟보드와 운영체제이다. 운영체제에 따라 시스템을 개발하는 방법 및 제공하는 서비스가 달라지기 때문에 운영체제는 임베디드 시스템을 구분하는 중요 기준이 된다. 동일한 마이크로프로세서를 사용하더라도 사용할 수 있는 운영체제가 제한이 될 수 있으며, 다수의 운영체제를 사용할 수 있더라도 운영체제에 따라 개발의 용이성 및 시스템의 성능이 달라질 수 있다.

제**2**장
임베디드 리눅스

1 리눅스의 개요

가. 리눅스의 역사

    중/대형 컴퓨터 시스템의 운영체제로는 UNIX가 사용되었으며, 개인용 컴퓨터 시스템의 운영체제로는 DOS(Disk Operation System)[1]과 이를 기반으로 마이크로소프트사의 윈도우즈[2]가 사용되었다. UNIX의 장점을 개인용 컴퓨터에서도 사용하기 위해 UNIX기반의 운영체제를 개발하기 시작하였다. 대표적인 것으로 마이크로소프트사에서 개발한 제닉스(Xenix)가 있다. 하지만 윈도우즈보다 사용자 편의성이 좋지 않아 널리 보급되지 못했다.

    네델란드 자요대학교의 앤드류 스튜어트 타넨바움(Andrew S. Tanenbaum)교수는 대학에서 운영 체제 디자인을 가르치기 위해 유닉스 기반의 미닉스(MINIX)[3]를 개발하였다. 1991년 헬싱키대학의 리누스는 타넨바움교수의 미닉스를 사용하고 있었는데, 이를 이용하여 새로운 운영체제를 개발하고자 하였다. 리누스는 초기 터미널 에뮬레이터로 만들었던 것을 포직스(POSI

---

1) DOS는 디스크를 기반으로 한 컴퓨터에서 쓰이는 운영 체제로서, 디스크에 읽고 쓰기 등의 명령을 수행하는 프로그램이다. 개인용 컴퓨터시스템을 위해 개발된 DOS로는 마이크로소프트가 만든 MS-DOS, IBM에서 만든 PC-DOS, 디지털 리서치사에서 만든 DR-DOS 등이 있다.

2) 마이크로소프트 윈도우즈 3.1이하는 DOS가 있어야만 구동할 수 있으며, 마이크로윈도우즈 95이상에서는 도스 셸을 가지고 있다.

3) MINIX는 미니멀(minimal)과 유닉스(UNIX)를 합성한 명칭으로, 현재 MINIX3는 기존의 MINIX 1, 2와는 달리 본격적인 운영체제로 개발되어 사용되고 있다.

X[4])에 호환되는 운영체제 커널로 발전시키기 위해 리눅스를 개발하기 시작하였다. 리눅스의 첫 번째 버전인 0.01은 1991년 9월 17일 인터넷을 통해 공개되었고, 첫 공식버전인 0.02는 같은 해 10월에 발표되었다. 그 이후 지금까지, 전 세계 수천만의 개발자들이 리눅스 개발에 자발적으로 참여하고 있다. 리누스는 리눅스 커널 개발을 지휘하고 있다. 현재 리눅스는 X 윈도를 기반으로 한 GNOME이나 KDE와 같은 통합 데스크톱 환경과 수많은 응용 프로그램을 실행시킬 수 있으며, 많은 기업과 단체의 후원을 받고 있다. 리눅스가 인기를 얻자, 개방형 소스(오픈 소스)의 특성에 힘입어 다양한 리눅스 기반의 운영 체제가 쏟아져 나왔다. 페도라, 우분투 등의 획기적인 운영 체제가 등장하고, 구글에서 배포하는 모바일 운영 체제인 안드로이드도 리눅스 기반의 오픈소스 운영 체제이다.

그림 2-1 리눅스 Tux

나. 리눅스의 특징

1) GNU GPL 기반

리눅스는 GNU GPL 라이선스를 따른다. GNU GPL의 조항에 따르면, 수정이 가능한 소스코드를 배포해야 하며 수정된 소스코드는 반드시 같은 라이선스로 배포해야 한다. GNU(GNU's

---

4) POSIX(Portable Operating System Interface)는 다양한 유닉스 변종을 통합하기 위한 유닉스 표준 인터페이스를 제공하는 지침이다.

Not UNIX)는 GNU 프로젝트를 통하여 개발한 유닉스 계열 컴퓨터 운영 체제이며 궁극적으로는 "완전한 유닉스 호환 소프트웨어 시스템"이 되는 것이 목표이다. 유닉스는 이미 널리 쓰이던 독점 소프트웨어 운영 체제로, 유닉스의 아키텍처는 기술적으로 신뢰성이 있는 것으로 증명되어 있어, GNU 시스템은 유닉스와 호환될 수 있도록 만들어졌다. GNU가 제공하는 허가서로는 GNU 일반 공중 사용 허가서 (GPL), GNU 약소 일반 공중 사용 허가서 (LGPL), GNU 자유 문서 사용 허가서 (GFDL)가 있다. GPL은 자유 소프트웨어 재단에서 만든 자유 소프트웨어 라이선스이다. GPL은 누구나 자유롭게 "실행, 복사, 수정, 배포"할 수 있고, 누구도 그런 권리를 제한하면 안 된다는 사용 허가권(License)이며, 리눅스는 GPL을 따르고 있다.

2) 단일형 커널

리눅스 커널은 단일형 커널이다. 앞절에서 설명한 것처럼 단일형 커널은 입출력 기능, 네트워크 기능, 장치 지원 등 운영 체제의 일반적인 기능을 커널과 동일한 메모리 공간에 적재 및 실행한다. 리눅스의 모체인 상용 유닉스는 대부분 단일형 커널을 사용한다. 하지만 리눅스는 적재 가능한 동적 모듈을 사용해 확장성을 유지한다. 적재 가능한 동적 모듈을 사용하면 불필요한 재시동 없이 커널 실행중에 여러 기능을 추가할 수 있다.

3) 다양한 CPU 및 장치 지원

리눅스는 386PC 환경에서 출발하였지만, 버전이 갱신됨에 따라 하드웨어와 밀접한 부분을 점차 격리시키는 방법으로 알파, 스팍, 파워 PC와 같은 다양한 CPU를 지원하게 되었다. 초기의 리눅스는 다양한 하드웨어 장치에 대한 호환성이 갖추어져 있지 않아, 새로운 장치를 시스템에서 사용하려고 할 때 어려움이 많았다. 하지만 버전이 개발됨에 따라 다양한 그래픽 카드, 네트워크 카드, SCSI 카드, USB 장치, IDE 장치를 지원하여 마이크로소프트사의 윈도우즈와 버금가는 하드웨어 호환성을 갖추고 있다.

4) 다양한 파일 시스템 지원

리눅스는 FAT에서부터 NTFS에 이르기까지 다양한 파일시스템을 지원하며, ISO9660을 비롯해 각종 CD-ROM 양식도 읽을 수 있다.

다. 리눅스 구조

리눅스는 하드웨어, 커널, 셸, 응용 프로그램으로 구성된다. 리눅스 커널은 컴퓨터의 가장 기본적인 각 장치들을 관리하고 제어하기 위한 소프트웨어이다. 컴퓨터가 부팅되면서 GRUB 과 같은 부트로더에 의해서 메모리로 로딩되어 컴퓨터가 꺼질 때까지 항상 메모리에 상주해서 컴퓨터의 각 장치들을 관리하고 제어하는 역할과 사용자들과 의사소통을 지속적으로 하게 된다. 커널은 개발 단계를 나타내기 위해 버전을 사용한다.

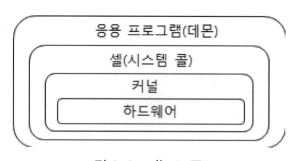

그림 2-2 리눅스 구조

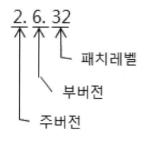

그림 2-3 커널 버전

주버전은 커널의 기능상 획기적이거나 커다란 변화가 있을 때 증가한다. 부버전은 기능의 업그레이드 및 추가 등의 비교적 작은 변화가 있을 경우 증가한다. 패치레벨은 커널의 해당버전에 대한 수정이 있을 경우 증가한다.

표 2-1 7 리눅스 커널 버전

Kernel series	Original release date	Current version
0.01	17 September 1991	0.03
1.0	14 March 1994	1.0.9
2.0	9 June 1996	2.0.40[105]
2.2	26 January 1999	2.2.26[107]
2.4	4 January 2001	2.4.37.11
2.6	18 December 2003	2.6.15
2.6.16	20 March 2006	2.6.16.62
2.6.35	2 August 2010[126]	2.6.35.14[127]
2.6.39	19 May 2011[129]	2.6.39.4[130]
2.6.33	24 February 2010[120]	2.6.33.20[121]
2.6.34	16 May 2010[123]	2.6.34.14[124]
2.6.27	9 October 2008	2.6.27.62[113]
2.6.32	3 December 2009[115]	2.6.32.61[116]
3.0	22 July 2011[83]	3.0.101[131]
3.1	24 October 2011[133]	3.1.10[134]
3.2	5 January 2012[135]	3.2.53[136]
3.3	19 March 2012[139]	3.3.8[140]
3.4	21 May 2012[141] [142]	3.4.75[143]
3.5	21 July 2012[145]	3.5.7[146]
3.6	1 October 2012[148]	3.6.11[149]
3.7	11 December 2012[150]	3.7.10[151]
3.8	19 February 2013[153]	3.8.13[154]
3.9	29 April 2013[156]	3.9.11[157]
3.10	30 June 2013[158]	3.10.25[159]
3.11	2 September 2013[161]	3.11.10[162]
3.12	3 November 2013[163]	3.12.6[3]
3.13	6 December 2013[4]	3.13-rc6[4]

셸(Shell)은 응용프로그램에서 명령을 받아 커널에 전송하는 역할을 하며, 사용자의 키보드 입력을 인식하고 해당 프로그램을 수행한다. 셸의 기능은 다음과 같다.

- 자체의 내장 명령어 제공
- 입력/출력/오류의 방향 변경
- 와일드카드
- 파이프라인
- 조건부/무조건부 명령 열 작성
- 서브 셸 생성
- 백그라운드 처리
- 셸 스크립트 작성

프로세스 제어에서는 전체 프로세서 간 통신, 스케줄링, 메모리 관리 기능을 수행한다. 장치 드라이버는 하드웨어와 커널을 연결해주는 인터페이스를 제공한다. 파일 서브 시스템은 하드 디스크와 같은 저장 공간에 리눅스 파일을 저장하고 읽는 역할을 한다.

리눅스의 파일 시스템은 유닉스의 파일 시스템과 유사하다. 리눅스에서는 일반 파일, 디렉터리, 특수 파일, 파이프 파일 등 4종류의 파일을 사용한다. 일반 파일은 데이터 파일이나 실행 파일이다. 리눅스 시스템에서는 디렉터리를 하나의 파일로 정의한다. 디렉터리 파일에는 여러 파일과 하위 디렉터리에 대한 정보를 저장하고 있다. 리눅스는 외부 장치들을 파일로 인식한다. 즉 프린터, 터미널, 저장 매체 등 물리적인 장치를 특수 파일을 통해 접근한다. 파이프는 2개의 명령을 연결할 때 사용한다.

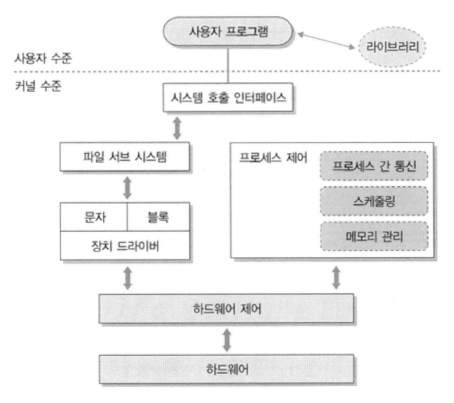

그림 2-4 리눅스 시스템 구조

표 2-2 리눅스 디렉토리

디렉터리	내용
/bin	기본적으로 실행 가능한 파일 저장
/etc	시스템의 환경 설정 및 주요 설정 파일 저장 passwd, hosts, xined.conf등
/tmp	프로그램 실행 및 설치 시 생성되는 임시 파일 저장
/lib	기본 프로그램의 모듈 저장
/boot	커널을 위한 프로그램 파일을 저장하고 있으며, 부팅할 때 읽혀져 수행됨
/dev	프린터나 터미널 같은 물리적인 장치를 다루기 위한 특수 파일 저장
/home	각 사용자의 작업 디렉터리 저장
/usr	사용자가 직접 쓰는 파일 저장

라. 리눅스 배포판

일반적으로 리눅스라고 하면 리눅스 커널을 이야기한다. 반면 리눅스 배포판은 리눅스 커널, GNU에서 개발한 각종 유틸리티와 개발 환경, X윈도우 시스템, 기타 비상업적이거나 상업적인 소프트웨어를 포함하는 유닉스 계열 운영 체제 패키지이다. 리눅스 배포판은 현재 300여 가지가 존재한다. 회사 차원에서 관리하고 배포하는 레드햇, 우분투, 수세 리눅스 등이 있고, 개발자 모임에서 관리하고 배포하는 데비안, 젠투 리눅스 등이 있다.

1) 레드햇(RedHat) 리눅스

미국에 본부를 둔 레드햇사가 개발하던 리눅스 배포판으로 현재는 레드햇사가 유료로 기술 지원을 하는 기업용 레드햇 엔터프라이즈 리눅스와 페도라 프로젝트에서 개발하고 있는 페도라로 나뉘어 있다. 레드햇 리눅스는 '레드햇 리눅스 9'까지 나왔으며, 레드햇사에 의한 공식지원은 2004년 4월까지 이루어졌다. 이후 레드햇 사의 공식지원은 없지만 페도라 프로젝트의 Fedora Legacy 그룹의 지원(업데이트 패키지의 제공)이 계속 되고 있다. 그밖에도 과거 Red Hat Linux를 업무용으로 사용하는 회사를 위한 지원 서비스를 하는 회사도 존재한다. 현재는 레드햇 엔터프라이즈 리눅스라는 이름으로 계속 지원/개발되고 있으며 2010년 8월 현재 6.1이 출시된 상태다.

그림 2-5 RedHat 리눅스

2) 우분투(Ubuntu) 리눅스

우분투(Ubuntu)는 데비안 GNU/리눅스(Debian GNU/Linux)에 기초한 컴퓨터 운영 체제로서 고유한 데스크탑 환경인 유니티를 사용하는 리눅스 배포판이다. 영국에 기반을 둔 회사인 캐노니컬의 지원을 받는다. 일반적으로 여섯 달마다 새 판이 하나씩 나오는데 이것은 GNOME의 새 판이 나오는 시기와 비슷하다. 데비안 GNU/리눅스와 견주어 볼 때 사용자 편의성에 많은 초점을 맞추고 있다.

그림 2-6   우분투 리눅스

3) 수세(SUSE) 리눅스

수세 리눅스는 독일의 S.e.S.E 라는 회사에서 개발하였으며, 주로 유럽에서 개발된다. 최초의 배포판은 1994년 초에 나타났는데 수세 리눅스가 가장 오래된 상용 배포판임을 말해 준다. YaST 구성 도구로도 알려져 있다. 수세 브랜드와 상표는 수세를 사들인 2003년 이후부터 노벨이 소유하고 있다.

그림 2-7   수세 리눅스

4) 페도라(Fedora) 리눅스

페도라(Fedora)는 리눅스 커널에 기반한 운영 체제와 레드햇의 후원과 개발 공동체의 지원아래 개발된 일반적인 목적을 가진 RPM(RedHat Package Manager)기반의 소프트웨어가 결합된 운영 체제다. 페도라 프로젝트의 주요 목표는 자유, 오픈 라이선스 아래 개발된 소프트웨어를 아우르는 것과 컴퓨터 기술의 첨단을 선도해나가는 것이다. 페도라 개발자들은 특정한 사항에 고정되는 것 보다는 끊임없는 변화를 추구하고 있다. 페도라는 상대적으로 짧은 교환주기를 갖는다. 6개월 간격으로 새로운 버전이 배포되며 지원기간은 각 버전마다 13개월씩으로 매우 짧다. 현재 페도라는 2013년 7월에 배포한 페도라19가 최근 버전이다.

그림 2-8　페도라 리눅스

5) 데비안(Debian) 리눅스

데비안(Debian)은 데비안 프로젝트에서[3] 만들어 배포하는 공개 운영 체제이다. 리눅스(Linux) 커널을 탑재한 데비안 GNU/리눅스, GNU 허드(GNU Hurd) 커널을 탑재한 데비안 GNU/허드, FreeBSD 커널을 탑재한 데비안 GNU/KFreeBSD, NetBSD 커널을 탑재한 데비안 GNU/NetBSD 등으로 나뉘며 현재 이 가운데 정식판이 존재하는 것은 데비안 GNU/리눅스뿐이다.

그림 2-9 데비안 리눅스

데비안의 특징은 패키지 설치 및 업그레이드의 단순함에 있다. 일단 인스톨을 한 후 패키지 매니저인 apt 등을 이용하면 소프트웨어의 설치나 업데이트에서 다른 패키지와의 의존성 확인, 보안관련 업데이트 등을 자동으로 해준다. 데비안은 2013년 5월 데비안 7.0 Wheezy를 배포하였다.

2 임베디드리눅스(Embedded Linux)

리눅스는 386PC를 기반으로 개발한 운영체제이다. GPL에 기반하여 인터넷을 통해 리눅스 커널을 공개하고 다수의 개발자들의 공유와 개발 참여로 리눅스가 여러 플랫폼으로 퍼져나가면서 리눅스를 운영하는 환경을 다양한 기종을 통해 구축하였다. 이에 따라 임베디드 시스템에서도 리눅스 운영체제를 사용하려는 노력이 진행되었다.

현재의 임베디드 시스템과 과거의 임베디드 시스템을 비교해볼 때 이전의 임베디드 시스템은 비교적 하드웨어도 간단하고 구현기능도 단조롭기 때문에 C나 어셈블리어로 짜여진 간단한 펌웨어(firmware) 프로그램으로도 동작이 가능하였다. 그러나, 하드웨어 기술이 비약적으로 발전하여 임베디드 시스템의 규모나 복잡도가 매우 증가하였고 특히, 네트워크 기능이 필수적으로 채택되기 시작하였다.

동시에 이러한 요구를 수용하기 위해 소프트웨어도 과거의 간단한 프로그램만으로는 부족하게 되어 이제는 운영체제의 필요성이 절실하게 되었다. 이러한 흐름이 반영되어 최근에 큰 주목을 받고있는 임베디드 시스템의 운영체제가 바로 리눅스인 것이다.

임베디드 리눅스는 임베디드 시스템에서 동작하는 리눅스 커널로서, 임베디드 시스템에서 운영되기 위한 다양한 요구사항을 충족시킨다. 임베디드 리눅스는 일반 리눅스 커널과 완전히 다르지 않다. 초기에는 리눅스 커널에 플랫폼별로 패치하는 방식으로 개발을 진행하였으나, 최근에는 리눅스 커널 소스 트리에 각 플래폼별 코드를 통합하는 방식으로 커널 프로젝트를 수행하고 있다. 일반 리눅스 커널을 가져와 크로스 컴파일러로 커널 컴파일을 하면 임베디드 시스템에서 동작하는 커널 이미지를 만들 수 있다.

일반 리눅스에 비해 임베디드 리눅스가 갖추어야 할 요구 조건은 다음과 같다.

1) 다양한 플랫폼 지원

일반 리눅스는 PC를 기반으로 하고 있지만, 임베디드 리눅스는 임베디드 시스템을 구성하는 다양한 플랫폼을 지원해야 한다.

- Alpha
- ARM
- CRIS
- X86, IA64
- M68K(모토롤라 680--)
- MIPS
- PPC
- SPARC

2) 표준 사용자 인터페이스 제공

임베디드 리눅스는 X 윈도우 시스템, 마이크로 윈도우, Qt/임베디드 등 표준 사용자 인터페이스를 제공해야 한다.

3) 작고 견고한 파일시스템 제공

임베디드 리눅스는 안전성을 위한 저널링 파일시스템[5]을 지원하며, ROM 용 파일시스템인 압축 롬 파일시스템(CRAMFS)과 RAM용 파일시스템(RAMFS)을 지원해야 한다.

4) 하드웨어 연결고리 부트 로더 지원

임베디드 리눅스는 다양한 플랫폼에서 동작하기 때문에 해당 플랫폼에서 리눅스 커널을 부팅할 수 있게 만들어주는 다양한 부트로더를 지원해야한다.

---

5) 저널링 파일 시스템은 주 파일 시스템에 변경사항을 반영하기 전에 파일 시스템의 저정된 영역 안의 원형 로그인 저널 안에 생성되는 변경사항을 추적하는 파일시스템이다.

5) 다양한 장치 드라이버 제공

임베디드 시스템은 다양한 외부 장치와 장비들을 제어해야 하므로 해당 장치나 장비에 대한 드라이버가 제공되어야 한다.

6) 프로그래밍을 위한 각종 라이브러리 지원

임베디드 시스템을 위한 소프트웨어 개발자들의 부담을 줄이기 위해 다양한 라이브러리들이 제공되어야 한다.

3 우분투 설치 실습

가. 우분투 개요

우분투는 영국의 소프트웨어 회사인 캐노니컬에서 리눅스 커널을 기반으로 개발하고 있는 리눅스 배포판이다. 우부투에 대한 개발, 배포, 유지보수는 캐노니컬사의 우분투 프로젝트에서 담당하고 있다. 다른 배포판에 비해 사용자 친화적(User-friendly)한 설치와 유지보수 절차, 사용법과 인터페이스가 특징으로 2004년 첫 버전인 4.10 Warty Warthog 출시 이래 현존 리눅스 배포판 중 가장 넓은 사용층을 가진 배포판이 되었다.

프로그램 관리 도구로 우분투 소프트웨어 센터를, 클라우드 서비스로 우분투 원을, 사용자 인터페이스로 유니티를 자체 개발하여 채택하고 있으며, 때문에 다른 배포판에서는 찾아볼 수 없는 독특한 개성을 지닌 배포판이다. 이런 소프트웨어 자산을 기반으로 안드로이드와 iOS가 꽉 잡고 있는 스마트폰과 태블릿 PC시장에 진출하려는 움직임을 보이고 있다.

데비안 GNU/리눅스로부터 이어받은 APT를 통해 소프트웨어의 설치·관리·제거를 쉽게 할 수 있기 때문에 리눅스만이 아니라 컴퓨터 자체를 처음 접하는 이들에게 있어서도 리눅스 배포판 중에서는 쉽게 사용할 수 있다. 하드웨어를 인식에 있어서 플러그 앤 플레이 기능도 뛰어나서 USB나 블루투스를 연결하면 자동인식하여 쉽고 편하게 사용할 수 있는 쪽을 목표로 잡고 있기 때문에, 복잡한 인스톨과정이나 커맨드라인 명령어를 전혀 몰라도 사용하는데 지장이 없다.

나. 우분투 설치

본 교재에서 우분투는 임베디드 시스템용 소프트웨어를 개발하기 위한 호스트머신(개발용 PC)의 운영체제로 사용한다. 우분투를 PC에서 설치하는 방법은 윈도우즈 환경에서 가상화 소프트웨어를 이용하여 설치하는 방법과 독립된 환경으로 설치하는 방법이 있다. 가상화 소프트웨어는 게스트 운영체제가 호스트 운영 체제 아래에서 구동하는 방식이다. 윈도우즈 환경에서 리눅스를 동시에 운영하길 원하거나, 리눅스 환경에서 윈도우즈를 운영하길 원할 때 가상화 소프트웨어를 사용한다. 또는 윈도우즈 환경에서 다른 버전의 윈도우즈를 사용하길 원할 때 사용한다. VMWare와 오라클의 VirtualBox가 대표적인 가상화 소프트웨어이다.

1) 우분투 설치 파일 다운로드

우부투를 설치하기 위해서는 우분투 설치 이미지 파일을 다운로드 해야 한다. 우분투 설치 이미지 파일은 우분투 사이트(www.ubuntu.com)에서 다운로드 할 수 있다. 홈페이지의 오른쪽 하단에 있는 다운로드 메뉴를 클릭한다. 우분투는 서버 버전과 데스크탑 버전이 있으며, 이중 데스크탑 버전을 클릭한다. 데스크탑 버전중에서 안정적으로 사용되었던 것은, 12.4 LTS이며, 최근에는 13.10이 발표되었다. 12.4 버전 다운로드를 클릭한다(최근 버전인 13.10을 설치해서 사용할 수도 있다). 우분투에 기부할 것인지를 묻는 화면이 나오는데, 하단 그림의 'Not now, take me to the download'를 클릭하면 다운로드가 시작된다. 다운로드 메뉴를 누르면 그림 2-11과 같이 'ubunto-12.04.3-desktop-amp64.iso' 파일을 다운로드 할 것인지를 묻는 화면이 나온다. 저장을 클릭해서 설치 이미지를 저장한다.

그림 2-10   우분투(www.ubuntu.com)

그림 2-11 우분투 다운로드

2) VirtualBox 설치

버추얼박스(VirtualBox)는 본래 이노테크(InnoTek)가 개발한 뒤, 현재는 오라클이 개발 중
인 상용, 사유 소프트웨어(제한된 GPL 버전)로, 리눅스, OS X, 솔라리스, 윈도를 게스트 운영 체
제로 가상화하는 x86 가상화 소프트웨어이다.

VMWare 워크스테이션과 마이크로소프트 버추얼 PC와 같은 다른 상용 가상화 소프트웨어
와 견주어 볼 때, 버추얼박스는 기능이 부족한 편이지만 원격 데스크톱 프로토콜 (RDP), iSCSI
지원, RDP를 거치는 원격 장치의 USB 지원 등의 기능을 제공한다.

버추얼박스 소프트웨어에는 두 가지 버전이 있다. 완전한 버추얼박스 패키지는 사유 소프트웨어 라이선스를 가지며, 개인과 교육, 제품 평가용으로는 아무런 대가 없이 소프트웨어를 이용할 수 있다. 상업적인 용도의 경우 썬 마이크로시스템즈에서 프로그램을 따로 구매해야 한다. 버추얼박스 오픈 소스 에디션(OSE)라고 불리는 두 번째 버전이 바로 GPL 라이선스를 가지는 오픈 소스 버전이다.

① 버츄얼박스 설치 파일 다운로드 및 설치
VirtualBox는 www.virtualbox.org에서 다운받을 수 있다.

VirtualBox

Download VirtualBox

Here, you will find links to VirtualBox binaries and its source code.

VirtualBox binaries

By downloading, you agree to the terms and conditions of the respective license.

- **VirtualBox platform packages.** The binaries are released under the terms of the GPL version 2.
  - **VirtualBox 4.3.6 for Windows hosts** ⇨x86/amd64
  - **VirtualBox 4.3.6 for OS X hosts** ⇨x86/amd64
  - **VirtualBox 4.3.6 for Linux hosts**
  - **VirtualBox 4.3.6 for Solaris hosts** ⇨x86/amd64

About
Screenshots
Downloads
Documentation
　　End-user docs
　　Technical docs
Contribute

그림 2-12　VirtualBox 다운로드 페이지

홈페이지의 'Downloads' 메뉴를 클릭하면 아래 그림과 같은 다운로드 페이지로 이동한다. 윈도우즈 사용자인 경운 실행파일중 'VirutalBox x.x.x for Windows hosts-〉x86/amd64'를 클릭하여, 설치파일을 다운받는다. 현재 VirtualBox의 최신 버전은 Virtualbox 4.3이며, 이전 버전을 사용하고 있을 경우에는 다운로드 페이지에서 확장 팩을 다운받아 설치해야 한다.

그림 2-13 VirtualBox 설치

다운로드된 파일을 더블클릭하면 실행 초기화면이 나온다. 이후에는 'Next(다음)'나 'Install
(설치)'를 클릭하면 최종적으로 설치가 끝난다.

② 우분투 설치를 위한 가상 머신 만들기
설치가 성공적으로 수행되면 바탕화면에 'Oracle VirtualBox' 아이콘이 생성된다. 더블클릭
하여 버츄얼박스를 실행한다. 버츄얼박스를 통해 우분투를 사용하기 위해서는 우분투를 운영
할 가상 머신을 만들어야 한다. 우분투 초기화면에서 '새로만들기'메뉴를 클릭한다. 이름 및 운
영체제를 설정하는 메뉴가 나타난다. 이름은 'Ubuntu', 종류는 'Linux', 버전은 'Ubuntu'로 설정
한 후 '다음'을 클릭한다.

그림 2-14 버츄얼 박스에서 가상머신 만들기

가상 머신에서 사용하는 메모리 크기를 할당하는 화면이 나타난다. 일반적으로 1024를 설정하며, 사용하는 호스트의 메모리 용량이 클 경우 2048을 설정하는 것이 좋다.

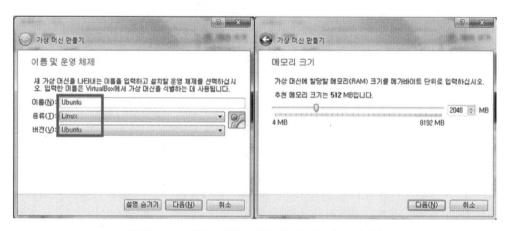

그림 2-15 가상 머신 이름 설정 및 메모리 설정

　다음은 가상 하드 드라이브를 설정하는 단계이다. 처음 화면에서 '지금 가상 하드 드라이브 만들기'를 클릭하면 하드 드라이브 파일 종류를 설정하는 화면이 나온다. VDI(VirtualBox hard disk image)는 버츄얼박스에서 사용하는 가상 하드디스크 이미지 파일 형식이며, VHD(MS Virtual Disk)는 마이크로소프트의 가상 하드디스크 이미지 파일 형식이다. VHD는 버츄얼박스에 지원가능하며, VDI와 VHD는 상호 전환이 가능하다. 가상 하드 드라이브의 크기를 할당하는 방법을 설정한다. 동적 할당과 정적(고정) 할당 방식이 있다. 동적 할당은 가상 하드 드라이브가 사용하는 만큼 가변적으로 변하는 방식이고, 정적 할당은 가상 하드 드라이브의 최대 크기가 정해져 있는 방식이다. 일정한 크기만을 사용하기 때문에 정적 할당 방식이 초기화 하는데는 시간이 많이 걸리나 이용시에는 시간이 빠르다. 생성되는 파일을 저장하는 위치와 파일 크기를 설정한다. 파일의 크기는 가상 하드 드라이브에 저장할 수 있는 데이터의 최대 크기를 설정하는 것으로 메가바이트 단위로 설정할 수 있다. 해상도가 높은 영상등을 저장하는 경우는 파일의 크기를 크게 설정해야 한다.

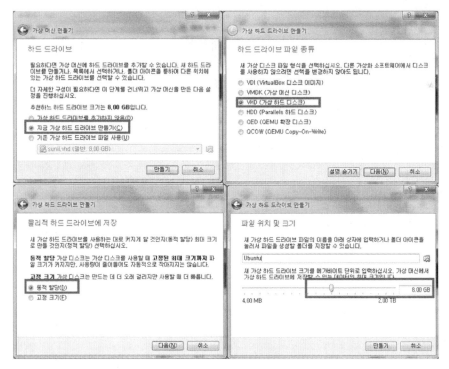

그림 2-16 가상 하드 드라이브 만들기

버츄얼박스 메인 화면의 '새로만들기' 메뉴 하단에 설정했던 이름의 가상머신이 표시되면 가상 머신을 성공적으로 생성한 것이다. 가상 머신 아이콘을 더블클릭하거나 가상 머신을 선택후 '시작'메뉴를 클릭하면 가상 머신을 시작 할 수 있다.

가상 머신에 우분투가 설치되어 있지 않기 때문에 가상 머신을 가동하면 시동 디스크를 선택하는 화면이 나온다. 우분투 설치 이미지 파일이 시디롬에 저장되어 있는 경우에는 시디롬을 가르키는 호스트 드라이브를 선택한다. 본 교재에서는 우분투 설치 이미지 파일을 다운로드한 경우이기 때문에 폴더 아이콘을 클릭한 후 앞장에서 다운로드한 우분투 이미지 파일이 저장된 경로를 탐색하여 클릭한다.

그림 2-17 우분투 설치를 위한 시동 디스크 선택

3) 우분투 설치

우분투 이미지 부팅을 위한 첫단계는 언어(Language) 설정이다. 키보드를 이용하여 한국어로 이동한후 엔터를 치게되면 이후부터 한국어를 이용하여 우분투 이미지 부팅을 하게 된다. 우분투 이미지 부팅을 위한 초기메뉴가 나오면 우분투 설치를 선택하고 실행한다.

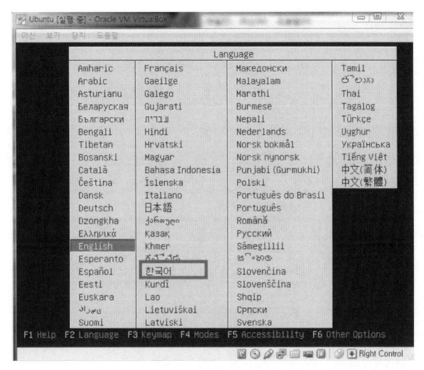

그림 2-18 언어 설정

　우분투 이미지에 대한 부팅이 시작되면서 우분투 설치 화면이 나타난다. 첫단계는 초기 화면에서 스크롤바를 이동하여 한국어를 선택한다. 이후부터는 한국어를 이용하여 우분투를 설치하게 된다. 주의할 것은 이 단계에서 설정된 언어는 우분투를 설치하는 과정에서 사용되는 언어이며, 우분투를 사용할 때는 한국어 언어 패키지를 설치해야 한국어를 사용할 수 있다.

　'Ubuntu 설치' 아이콘을 클릭하면 우분투 설치가 시작된다. 'Ubuntu 설치 준비 중'이란 화면에서 '계속'을 클릭한다. 설치 형식 화면에서는 '디스크를 지우고 Ubuntu 설치'를 설정한 후 '지금설치' 메뉴를 클릭한다. 위치를 설정하는 항목에서 'Seoul'이 표시되어 있으면 '계속' 메뉴를 클릭한다.

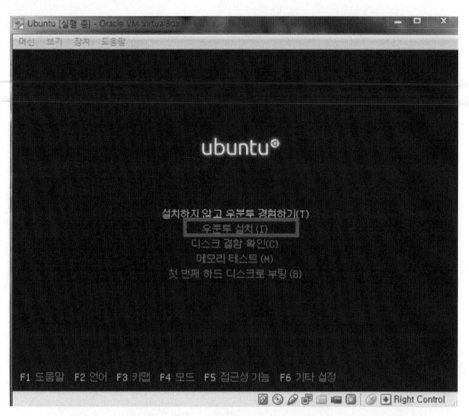

그림 2-19 우분투 설치 초기 화면

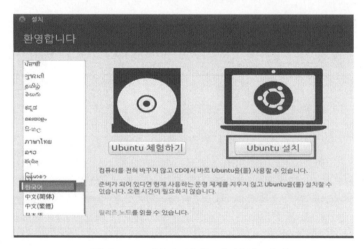

그림 2-20 언어 선택 및 설치 시작

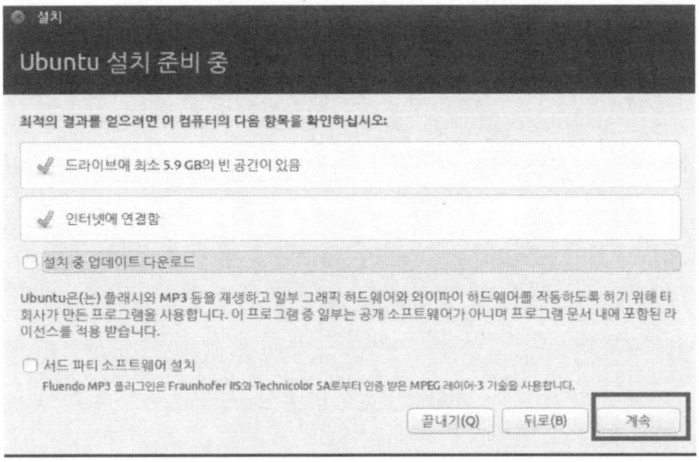

그림 2-21 설치 준비 화면

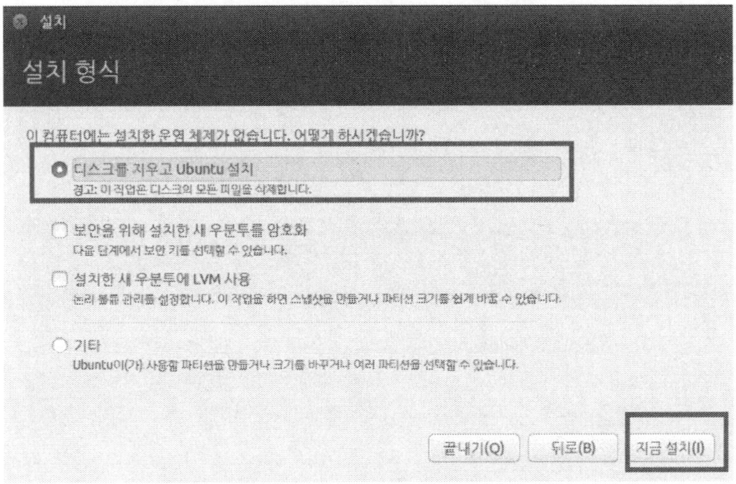

그림 2-22 설치 형식 설정

그림 2-23   지역 설정

키보드배치 화면에서는 한국어와 한국어-한국어를 선택한다. 다음은 사용자 설정화면이다. 이름에 사용자의 이름을 입력하고 암호를 입력한다. 로그인 옵션으로 자동로그인과 로그인할 때 암호 입력하는 방식을 선택할 수 있다. 다음은 계정 설정 단계에서는 'Log in later'를 선택하면, 우분투가 설치되는 화면이 시작되면서 설치된다. 설치가 성공적으로 수행되면 성공적인 설치 완료 메시지가 나온다.

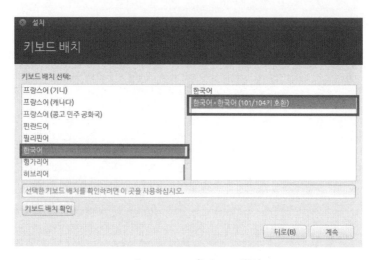

그림 2-24   키보드 배치

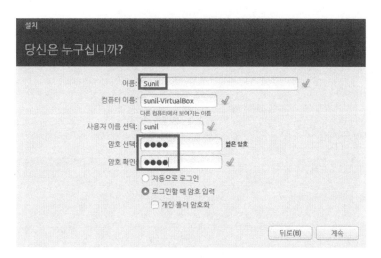

그림 2-25 사용자 설정

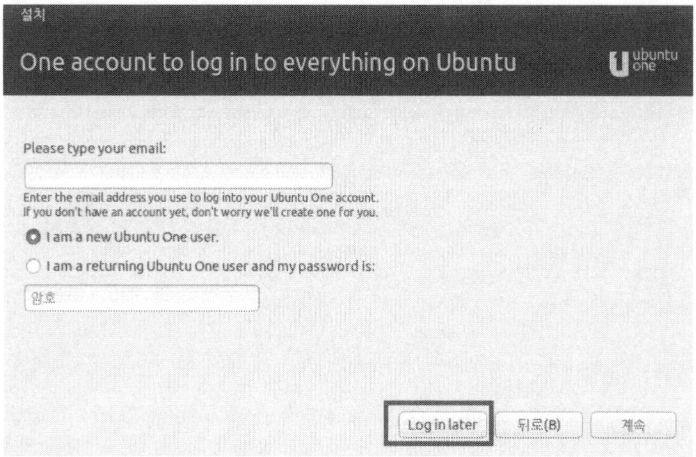

그림 2-26 계정 설정

그림 2-27 우분투 설치 완료 및 재시작

제3장
개발 환경 구축

1 임베디드 시스템-LDS2000

가. LDS2000 전체 구성

    임베디드 시스템을 개발하는 것은 임베디드 시스템을 구성하는 하드웨어와 소프트웨어를 개발하는 것을 의미한다. 본 교재에서는 임베드디 시스템 하드웨어로 LDS2000을 사용한다. LDS2000은 PXA255[1] 32비트 CPU를 기반으로 만들어진 실습 교육용 임베디드 시스템이다.

---

1) PXA255는 인텔에서 ARM 코어를 기반으로 제작한 Xscale CPU들 중 모바일 장비 및 임베디드 시스템의 CPU로 주로 쓰인다. ARM 코어의 장점을 가지고 있으면서 다양한 주변 장치들을 온칩화하였다.

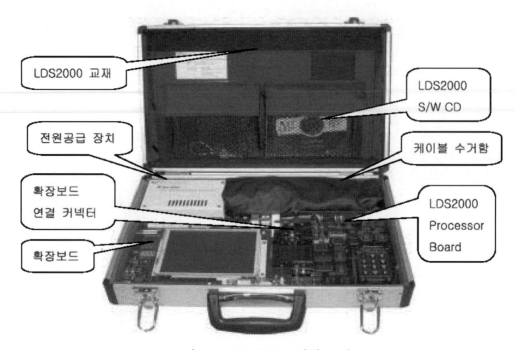

LDS2000 교재

LDS2000
S/W CD

전원공급 장치

케이블 수거함

확장보드
연결 커넥터

LDS2000
Processor
Board

확장보드

그림 3-1 LDS2000 전체 구성

① LDS2000 Processor Board: Xscale[2] CPU 중 PXA255 32비트 CPU가 탑재된 메인 보드

② 케이블수거함: 시리얼, 이더넷, 전원, USB2Serial[3] 등 케이블들을 보관하는 주머니

③ LDS2000 S/W CD: LDS200사용과 관련한 소스 및 문서를 담고 있는 CD

④ LDS2000 교재: LDS2000을 사용하기 위한 매뉴얼

⑤ 전원공급 장치: 3.3V, 5V, 12V 용 전원공급 장치

⑥ 확장보드 연결 보드: LDS200 프로세서 보드(메인보드)와 확장보드를 연결하기 위한 보드

⑦ 확장보드: External Bus를 통해 TFT-LCD, PCMCIA, FPGA, USB, sound 등을 시험할 수 있
   도록 구성

---

2) Xscale 프로세서는 ARMv5 아키텍처를 기반으로 설계된 인텔의 모바일 프로세서 아키텍처로, 모바일 PC
    나 PDA에 폭넓게 사용된다.
3) 최근의 호스트들은 시리얼 포트를 내장하고 있지않기 때문에 시리얼포트를 지원하는 보드를 추가로 설치
    하거나, USB를 시리얼 포트와 연결할 수 있는 USB2Serial 케이블을 사용한다.

나. CPU

LDS2000에서 CPU는 LDS2000 프로세서 보드의 CPU 모듈 내부에 위치해 있다(그림의 원안에 설치되어 있음). LDS2000에 사용된 CPU는 인텔의 Xscale 시리즈인 PXA255라는 CPU가 사용되 었다. 우리가 흔히 알고있는 80386, 80486, 펜티엄 CPU들은 인텔사가 개발한 인텔 계열의 CPU 종류인 것처럼 PXA255도 ARM 프로세서에 기반을 두고 인텔의 아키텍처 구조를 첨가한 구조를 하나의 CPU로 이는 ARM계열의 프로세서와 호환성을 갖는다.

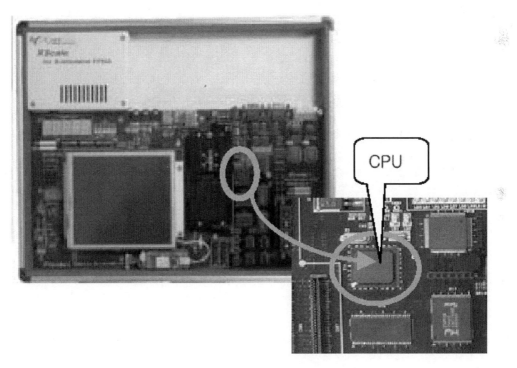

그림 3-2 LDS2000 CPU 위치

다. LDS2000 인터페이스 사양

LDS2000은 외부 장치들과 통신을 하기 위한 다양한 외부 인터페이스를 제공한다.

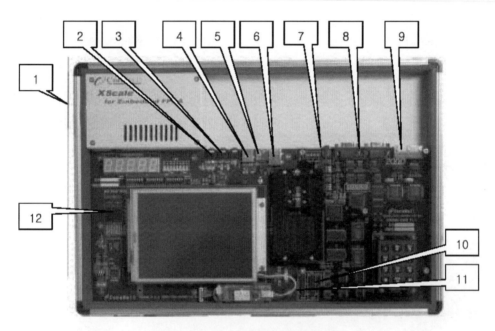

그림 3-3 LDS2000 인터페이스

① 전원 스위치: 케이스 외부에 위치해 있는 전원스위치로서 110-220V 전원 입력단자

② 사운드 출력: 사운드 Play 수행을 위한 스피커 연결 포트

③ 사운드 입력: 사운드 녹음 수행을 위한 마이크 연결 포트

④ USB Slave: USB 클라이언트 동작을 수행하기 위한 포트

⑤ USB Master: USB 마스터 동작을 수행하기 위한 포트

⑥ PS2: 마우스나 키보드를 위한 PS2 포트

⑦ 리셋 스위치: 보드 리셋 스위치

⑧ 시리얼 포트: 데이터 시리얼 전송을 위한 2개의 시리얼 포트

⑨ 이더넷 포트: 두개의 10Mbps 이더넷 포트 (CS8900A)

⑩ JTAG: JTAG(Joint Test Action Group)을 위한 인터페이스. JTAG은 임베디드 시스템을 개발할 때 사용하는 디버깅 장비로서, IEEE 1149.1을 나타낸다. 프로세서(CPU)의 상태와는 상관 없이 디바이스의 모든 외부 핀을 구동시키거나 값을 읽어 들일 수 있는 기능을 제공한다. JTAG의 작동 방식은 칩 내부에 Boundary Cell을 만들어 이것이 외부의 핀과 일대일로 연결되어, 프로세서가 할 수 있는 동작을 중간의 Cell을 통해 인위적으로 수행할 수 있도록 하는 것이다. 이런 방식으로 JTAG은 다양한 하드웨어의 테스트나 연결 상태등을 체크할 수 있다.

⑪ GPIO: GPIO(General Purpose Input/Output) 인터페이스. 프로세서나 컨트롤러 등에서 일반 목적으로 사용하도록 준비된 입력, 또는 출력 포트. GPIO를 소프트웨어와 연동시키면 전기적 입력을 받거나 출력으로 특정 디바이스를 제어하게 할 수 있다.

⑫ FPGA: FPGA(Field Programmable Gate Array)는 프로그래머블 논리 요소와 프로그래밍 가능 내부선이 포함된 반도체 소자이다. FPGA는 일반적으로 주문형 반도체(ASIC) 대용품보다 느리고, 복잡한 설계에 적용할 수 없으며, 소비전력이 크다. 그러나 개발시간이 짧고, 오류를 현장에서 재수정할 수 있고, 초기 개발비가 저렴하다는 장점이 있다. 따라서 이미 설계된 하드웨어를 반도체로 생산하기 직전 최종적으로 하드웨어의 동작 및 성능을 검증하기 위해 제작하는 중간 개발물 형태의 집적 회로(IC)로 활용된다.

라. LDS2000 입출력 장치

LDS2000의 입출력 장치는 아래 그림과 같다. 4개의 출력 장치와 1개의 입력장치가 설치되어 있다. 5장 부터는 LDS2000의 입출력 장치를 제어하는 응용 프로그램을 작성한다.

① 7-Segment: 확장보드에 위치한 출력 장치로 5개의 7-Segment가 설치되어 있음

② LED(Light Emitting Diode): 확장보드에 설치된 LED. ON/OFF 상태를 나타내는 출력장치로 8개가 설치되어 있음

③ TFT-LCD: 확장보드에 설치된 터치패드로 입력과 출력에 사용됨

④ LED(Light Emitting Diode): 메인보드에 설치된 LED. ON/OFF 상태를 나타내는 출력장치로 8개가 설치되어 있음

⑤ KEYPAD: 메인보드에 설치된 입력장치

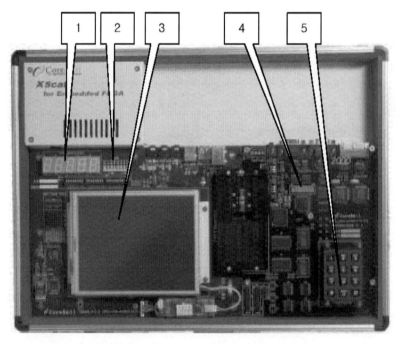

그림 3-4 LDS2000 입출력 장치

2 임베디드 시스템 개발 환경

가. 개발 환경 구성

임베디드 시스템의 개발 환경은 호스트 머신, 타겟 머신 그리고 둘을 연결하기 위한 각종 인터페이스 장비들로 구성된다. 타겟 머신은 개발하고자 하는 임베디드 시스템의 하드웨어 시스템이다. 호스트 머신은 타겟 머신에서 수행되는 임베디드 시스템 소프트웨어를 개발하고 타겟 머신에 포팅하여 수행 결과를 모니터링 하기 위한 장비이다. 타겟 머신은 LDS2000이며, 호스트 머신은 우분투가 설치되어 있는 개발용 PC이다. 호스트 머신과 타겟 머신은 상태 모니터링을 위한 시리얼과 데이터 전송등을 위한 네트워크로 연결되어 있다.

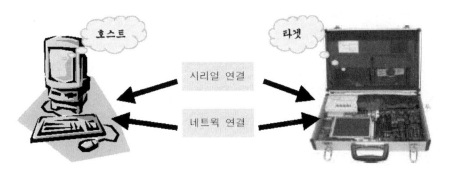

그림 3-5 임베디드시스템 개발 환경

나. 호스트 머신

임베디드 시스템 하드웨어를 동작시키려면 장치들을 제어하기 위한 소프트웨어를 개발해야 한다. 소프트웨어를 개발하기 위해서는 편집기부터 소스 코드 컴파일까지 적어도 편집기와 컴파일러가 구축된 개발 환경이 필요할 것이다. 하지만 임베디드 시스템은 하드웨어가 제한되어 있기 때문에 개발 환경을 임베디드 시스템 자체적으로 완벽하게 해결할 수 없다. 가능하다고 할지라도 상당히 많은 시간이 필요하다. 즉, 임베디드 시스템에서 해결하지 못한 개발 환경을 완벽하게 제공해줄 수 있는 별도의 외부 시스템이 필요하다.

호스트 머신은 이와 같은 임베디드 시스템의 개발 환경을 제공하기 위해 사용된다. 호스트 머신은 임베디드 시스템에서 할 수 없는 일을 대신 처리해주는 용도로 쓰이며, 임베디드 시스템에서 수행되는 소프트웨어의 작성 및 컴파일 작업은 모두 호스트에서 이루어짐에 유의하도록 한다. 또한, 시리얼과 네트워크 연결이 필요한 이유도 마찬가지로 호스트의 도움이 필요하기 때문이다.

다. 시리얼 연결과 네트워크 연결

임베디드 시스템이 동작할 때 출력되는 메시지를 확인하거나 또는 사용자 명령을 임베디드 시스템쪽으로 전달하기 위해선 키보드, 모니터와 같은 입, 출력 장치가 필요하다. 하지만, 임베디드 시스템에서는 대개 이러한 장치들이 배제되어 있기 때문에 호스트의 도움을 받아서 해결해야 한다. 즉, 임베디드 시스템에서 출력되는 메시지는 임베디드 시스템의 시리얼 장치로 보내지게 되며, 이 메시지는 시리얼 연결에 의해 호스트 머신 측으로 전달이 가능해진다. 이때 호스트 머신의 시리얼 통신 프로그램이 출력 메시지를 받아서 호스트 머신의 모니터 화면에 출력함으로써 결국 임베디드 시스템의 출력 메시지를 호스트 머신에서 확인할 수 있다. 반대로 사용자가 입력한 명령은 반대 과정을 거쳐 임베디드 시스템측으로 전달된다. 결과적으로 호스트 머신은 시리얼 연결을 통해 임베디드 시스템의 모니터와 키보드 역할을 대신한다.

그림 3-6 시리얼 연결

임베디드 시스템에 올려질 프로그램은 호스트 머신에서 작성되고 컴파일된다. 그런데 이 프로그램을 어떤 방법이든 임베디드 시스템쪽으로 가져와야만 동작시켜 볼 수 있기 때문에 양자 간의 데이터 전달통로가 필요하게 된다. 이때 많이 이용되는 방법이 바로 TFTP(Trivial File Transfer Protocol)[4]에 의한 네트워크 다운로드이다. 임베디드 시스템에서 운영체제가 동작하기 전의 네트워크 연결은 단순한 파일 다운로드 용도로 사용되지만 만약 임베디드 시스템에 운영체제가 부팅되어 네트워크 프로토콜이 동작하게 된 이후의 네트워크 연결은 임베디드 시스템과 외부 시스템의 범용적인 네트워크 통신을 위해 사용될 것이다. 즉, 이때의 네트워크 연결은 임베디드 시스템 자체의 고유한 네트워크 인터페이스를 가지게 되는 것이다.

그림 3-7 네트워크 연결 역할

---

4) TFTP(Trivial File Transfer Protocol)은 파일 전송 규약인 FTP보다 사용은 단순하나 기능이 떨어지는 파일 전송용 인터넷 프로토콜이다.

3 호스트 머신 환경 설정

우분투 기반의 PC를 호스트 머신으로 사용하기 위해서는 표 3-1과 같은 환경 설정이 필요하다. LDS2000 소프트웨어 CD는 리눅스 커널 소스, 예제 파일과 같이 실습에 필요한 소프트웨어 자원이 담겨져 있기 때문에 설치하는 것이며 크로스 컴파일러는 소스 코드 컴파일을 위한 컴파일러 용도로 설치한다.

시리얼 모니터링 프로그램(minicom)은 시리얼 연결을 통해 LDS2000의 출력 메시지를 확인하거나 반대로 사용자 명령을 LDS2000에 전달하기위해 사용되는 프로그램이다. 일반적인 리눅스 시스템에서는 minicom이란 프로그램이 기본적으로 설치되어 있으나, 우분투 시스템에서는 기본 프로그램이 아니기 때문에 설치해야 하며, LDS2000과 시리얼 통신 규격이 일치하도록 데이터, 스톱비트, 패리티와 같은 시리얼 설정이 필요하다.

표 3-1 호스트 머신 환경 설정 목록

구분	장치	설치 및 설정 내용
호스트 머신	우분투 PC	• LDS2000 소프트웨어 CD 설치 • 크로스 컴파일러 설치 • USB2Serial 설치 • 시리얼 모니터링 프로그램(minicom) 설치 및 설정 • TFTP 서버 설치 및 설정

TFTP 서버 설정은 호스트 머신의 대용량 데이터를 타겟 머신으로 다운로드 하기 위해 호스트 머신이 TFTP 서버로 동작하기 위한 것이다. 즉, PC를 TFTP 서버로 설정해주고 LDS2000에서 TFTP 클라이언트 프로그램을 구동하여 PC에서 작업한 파일을 LDS2000에 다운로드하게 된다.

가. 케이블 연결

개발 환경 구성에서 가장 먼저 해야 할 부분은 케이블의 연결이다. 케이블 연결을 위해 호스트 머신과 LDS2000을 준비하여 시리얼(USB2Serial) 케이블과 네트워크 케이블 및 110-220V 전원 케이블을 이용하여 연결하도록 한다.

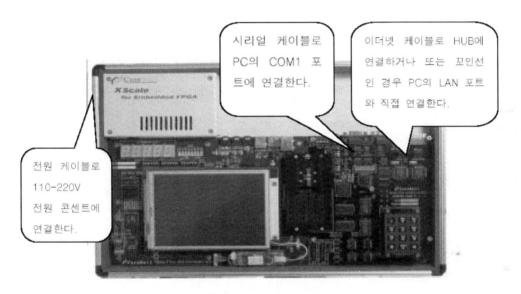

그림 3-8 케이블 연결

나. LDS2000 소프트웨어 설치

LDS2000 소프트웨어를 설치하기 위해 LDS2000 소프트웨어 CD를 PC의 CD-ROM 장치에 삽입한다. 우분투에서는 자동으로 CD-ROM을 인식하기 때문에 탐색기를 통해 CD-ROM 드라이브로 이동한다. CD-ROM에 있는 설치 파일을 저장하기 위해 터미널을 통해 임시 디렉토리를 생성한다.

```
#mkdir ./temp
#cd temp
```

탐색기를 이용하여 CD-ROM의 설치파일을 임시 디렉토리로 복사를 한다.

CD-ROM이 자동으로 인식되지 않은 경우는 CD-ROM 장치를 마운트(mount)해야 한다. 마운트 동작은 CD 내용을 읽어오기 위해 필요한 과정이다. PC에서 이루어지는 작업은 루트 사용자 권한이 필요하므로 반드시 루트 사용자 계정으로 작업하도록 한다. 또한 /mnt/cdrom 위치는 CD-ROM장치를 위한 기본적인 마운트 디렉터리이다. 즉, 마운트 이후에 CD 내용은 /mnt/cdrom 위치에서 확인할 수 있다. 성공적으로 마운트가 되면 CD-ROM에 있는 내용을 임시 디렉토리로 복사하고, 임시디렉토리로 이동한다.

```
# mount  /dev/cdrom
# cd /mnt/cdrom
# ls  - al
# cp ./* /home/user/temp5)
# cd /home/user/temp
```

파일 가운데 'Install'이란 스크립터의 실행을 통해 CD-ROM에 담긴 LDS2000 S/W 및 크로스 컴파일러를 설치할 수 있다. 스크립트는 일련의 명령어를 자동으로 처리해 주는 일종의 배치 파일이다.

LDS2000 소프트웨어를 설치하기 위해서는 첫 번째 인자로 '1'을 설정하고, 두 번째 인자로 설치될 디렉터리를 지정하고 실행한다. 성공적으로 수행이 완료되면 LDS2000 소프트웨어가 설치되어 있는 것을 확인할 수 있다.

---

5) /home/user은 사용자 디렉토리를 나타내며, 우분투 설치시 또는 계정추가시 설정된 디렉토리이다.

```
#./install 1 /home/LDS

    -----  LDS2000 소프트웨어 설치 ------

#cd /home/LDS
#ls  - al
#cd LDS2000
#ls -al
```

다. 크로스 컴파일러 설치

컴파일러(compiler)는 고급 프로그래밍 언어로 작성된 프로그램을 실행가능한 기계어로 바꾸어준다. 일반적으로 컴파일러는 컴파일러가 실행되는 시스템에 맞는 기계어로 변환한다. 반면 크로스 컴파일러(cross-compiler)는 컴파일러가 실행되는 시스템이 아닌 다른 시스템에서 실행할 수 있는 코드로 변환하는 기능을 수행한다. 즉, 크로스라는 의미는 PC와 같은 인텔 계열의 시스템에서 인텔 계열과 전혀 다른 ARM계열의 CPU를 위한 소스 코드 컴파일 작업을 수행한다는 의미에서 서로 다른 계열간의 교차(cross) 작업이 이루어진다는 뜻으로 크로스라는 접두사가 붙여진 것이다.

LDS2000에 올려질 실행 파일에 대한 소스 코드 컴파일 작업은 호스트 머신인 PC에서 이루어진다. 그런데 PC는 인텔 계열의 CPU로 동작하는 시스템이기 때문에 리눅스 PC에 기본적으로 설치된 컴파일러는 인텔 계열의 CPU만 이해할 수 있는 기계어로 번역해준다.

따라서, PC에 설치된 컴파일러로 소스 코드를 컴파일한 뒤 LDS2000에 다운로드하여 실행하게 되면 LDS2000은 ARM계열의 CPU가 장착되어 있기 때문에 전혀 동작하지 않게 된다. 결국 PC에 설치된 기존의 컴파일러외에 ARM계열의 CPU가 이해할 수 있도록 번역해 주는 별도의 컴파일러를 설치해 주어야 하는데 이 컴파일러가 바로 크로스 컴파일러이다.

크로스 컴파일러의 설치는 루트 권한으로 수행되어야 한다. 우분투에서 루트 권한으로 수행하기 위해서는 'su' 명령어에 의해 루트로 사용자를 전환하거나, 각 명령어 앞에 'sudo'를 추가하여 실행하면 된다. 크로스 컴파일러를 설치하기 전에 우분투에서 기본적인 소프트웨어 개발에 필요한 라이브러리 및 실행파일을 설치한다. 우분투에서 소프트웨어 설치는 'apt-get'이란 명령 어를 이용한다.

```
#sudo apt-get install basic-essentials
  ----- 프로그램 설치 ------

#sudo ./install 2
  ----- 크로스 컴파일러 설치 ------
```

크로스 컴파일러는 /usr/local/LDS-ARM-Linux 디렉터리에 설치됨을 아래와 같이 확인 할 수 있다.

```
#cd /usr/local/LDS-ARM-Linux
#ls -al
```

크로스 컴파일러가 성공적으로 설치되었으며, 크로스 컴파일러가 설치된 디렉터리를 PC가 참조할 수 있도록 설치된 디렉터리 위치를 알려주어야만 정상적으로 크로스 컴파일러를 실행 시킬 수 있게 된다. 그 방법으로 다음과 같이 우분투 PC에 기본적으로 설치된 vi 편집기 프로그 램을 이용하여 경로 설정과 관련 있는 파일을 열고 그 파일 내용에 크로스 컴파일러가 설치된 경로를 추가해 주고 파일을 저장한다.

우분투에서 /root 디렉터리에 있는 .bashrc 파일은 루트 사용자가 로그인할 때마다 참조하게 되는 설정 파일로 기본적으로 bash 셸을 사용하는 경우만 해당된다. 이 파일 내용가운데 디렉 터리 경로 정보를 저장하고 있는 항목이 PATH라는 항목인데 경로를 추가하고자 할 때 PATH 항목을 찾아 콜론(:) 기호로 분리하여 원하는 디렉터리를 추가해 주고 파일을 저장하면 된다.

PATH 설정 정보를 추가한 후 이 추가된 정보를 적용할 수 있도록 아래와 같이 source 명령의 실행을 통해 환경 변수 정보를 통지하도록 한다.

```
#sudo vi /root/.bashrc
  ----- 파일 수정 ------
  ...
    PATH=$PATH:/usr/local/LDS-ARM-Linux/bin
    export PATH

#sudo source /root/.bashrc
```

라. USB2Serial 설치

앞절에서 설명한 것처럼 최근 PC는 시리얼 포트를 내장하고 있지 않기 때문에 타겟 머신과의 통신을 위해서는 호스트 머신의 USB를 이용하여 타겟 머신의 시리얼 포트를 연결해야 한다. 이를 위해서 호스트 머신에서 USB2Serial 어댑터를 설치해 주어야 한다.

장치의 설치 상태를 확인하기 위해 하드웨어 메시지를 확인하는 'dmesg'명령어를 실행한다. 'dmesg'는 부팅하는 동안 커널의 기록을 남겨 놓은 파일을 확인하는 명령어이다. 출력되는 메시지의 끝부분에 USB에 관련된 내용을 확인할 수 있으면 USB에 대한 인식이 가능한 상태이다.

```
#dmesg
  ...
  usb 1-1: new full speed USB device using uhci_and address 2
  usb 1-1: configuration #1 chosen from 1 choice
```

USB에 연결되어 있는 장치의 정보를 알아보기 위해 'lsusb' 명령을 실행한다. Device 002에 새로운 장치가 연결되어 있음을 확인할 수 있다.

```
#lsusb
  Bus 001 Device 002: ID 4348:5523
  Bus 001 Device 001: ID 0000:0000
```

Device 002에 대한 드라이버를 구동시켜야 하며, 이를 위해 'modprobe' 명령어를 이용한다. 성공적으로 드라이버가 구동되었으면 다시 한번 장치의 상태를 확인하기 위해 'dmesg'를 실행해 본다. 출력 메시지의 마지막 부분에 새로운 장치가 업로드된 것을 확인할 수 있다.

```
#sudo modprobe usbserial vendor=0x4348 product=0x5523
#dmesg
  ...
  usbserial_generic 1-1:1.0: generic converter detected
  usb 1-1: generic converter now attached to ttyUSB0
  usbcore: registered new interface driver usbserial_generic
```

이제 해당 장치에 대한 드라이버가 ttyUSB0로 되어 있는 것을 확인할 수 있다. 다음으로는 ttyUSB0에 대해 타겟 머신의 시리얼 전송 속도를 설정해 주어야 한다. LDS2000의 전송 속도는 9600bps이므로 ttyUSB0의 전송 속도를 9600bps로 설정한다. -a 옵션을 주면 설정된 전송속도를 확인할 수 있다.

```
#stty -F /dev/ttyUSB0 9600
#stty -F /dev/ttyUSB0 -a
```

마. TFTP 서버 설치

TFTP는 파일 전송을 위한 규약으로써 앞서 설명한 바와 같이 호스트 머신이 TFTP 서버가 되고 LDS2000이 클라이언트가 되어 LDS2000에 필요한 파일을 TFTP에 의해 다운로드 받기 위해 사용된다. 우분투는 기본적으로 tftp가 설치되어 있지 않으므로 시냅스 패키지 매니저나 apt-get

을 이용하여 설치해야 한다.

```
#sudo apt-get install xinetd tftp tftpd
```

PC에서 TFTP 서버를 활성화하려면 다음과 같이 TFTP 설정과 관련된 파일을 수정해 주어야
한다. 마찬가지로 vi 편집기를 이용하여 TFTP 설정 파일인 /etc/xinetd.d/tftp[6] 파일을 열고 파
일 내용 가운데 아래와 같이 tftp와 관련된 구조체를 찾아서 disable=yes 항목을 disable=no로
변경해 주고 저장하도록 한다.

```
#sudo vi /etc/xinetd.d/tftp
  service tftp
  {
    socket_type    = dgram
    protocol       = udp
    wait           = yes
    user           = root
    server         = /usr/sbin/in.tftpd
    server_args    = -s /tftpboot      // 서버 디렉토리
    disable        = no                // no가 사용한다는 의미
    per_source     = 11
    cps            = 100 2
    flags          = IPv4
  }
```

파일을 저장한 이후에 TFTP 변경 내용을 반영하려면 다음과 같이 TFTP 처리와 관련이 있는
xinetd 데몬 프로세서를 다시 실행시켜야 한다.

```
#sudo /etc/init.d/xinetd restart
```

---

6) tftp를 정상적으로 설치하면 자동으로 생성된다.

tftp를 설정할 때 서버 디렉토리로 /tftpboot를 설정하였다. 이에 따라 LDS2000에서 TFTP 요청을 하였을 때 호스트 머신은 /tftpboot라는 디렉터리 위치를 기준으로 파일 전송을 처리한다. 예를 들어, LDS2000이 a.txt라는 파일을 다운로드 하기 위해 호스트 머신에 TFTP 요청을 하게 되면 호스트 머신은 /tftpboot 디렉터리 위치에서 a.txt 파일을 찾는다. 호스트 머신에는 /tftpboot 디렉터리가 존재해야 하는 동시에 a.txt 파일을 이 위치로 미리 복사해 두어야만 LDS2000이 다운로드하여 가져갈 수 있다. 따라서 호스트 머신에 /tftpboot 디렉터리가 없다면 아래와 같이 mkdir 명령에 의해 생성해 주어야 한다.

```
#sudo mkdir /tftpboot
#sudo chmod 777 /tftpboot
```

바. minicom 설치 및 실행

LDS2000에서 출력되는 메시지를 호스트 머신에서 확인하거나 또는 반대로 호스트 머신에서 입력한 명령을 LDS2000으로 전달하기 위해 시리얼 모니터링 프로그램을 사용하는데, 본 교재에서는 minicom을 사용한다. tftp와 마찬가지로 minicom도 우분투에 기본적으로 설치가 되어 있지 않기 때문에 추가적으로 설치를 해주어야 한다.

```
#sudo apt-get install minicom
```

minicom이 성공적으로 설치되면 시리얼 통신과 관련된 데이터 비트, 패리티, 흐름 제어와 같은 설정을 LDS2000에서 사용하는 규격과 일치하도록 설정해야 한다. 이를 위해 minicom을 환경설정 모드로 실행시킨다.

```
#sudo minicom -s
```

minicom 설정 메뉴가 나타난다. 메뉴 가운데 시리얼 통신 변수에 대한 설정은 "Serial port setup" 메뉴이므로 PC 키보드의 방향키로 메뉴 선택 막대를 움직여 이 위치에 옮겨놓고 리턴 키를 눌러 설정 모드로 진입한다.

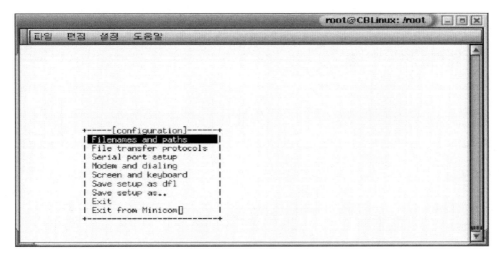

그림 3-9 minicom 설정 메뉴

시리얼 설정 모드로 진입하면 부 메뉴가 나타나는데 메뉴의 맨 좌측 알파벳 문자로 메뉴를 선택하도록 되어 있다. 각 알파벳 문자를 차례로 선택하여 아래의 표와 같이 설정한다.

표 3-2 minicom 시리얼 설정 내용

선택	메뉴	설정 값	의미
A	Serial Device	/dev/ttyS0	PC의 COM1 포트 제어와 관련된 장치 파일
E	Bps/Par/Bits	9600 8N1	속도(9600), 데이터(8), 패리티(N), 스톱(1) 비트
F	Hardware Flow Control	No	하드웨어 흐름 제어(No = 없음)
G	Software Flow Control	No	소프트웨어 흐름 제어(No = 없음)

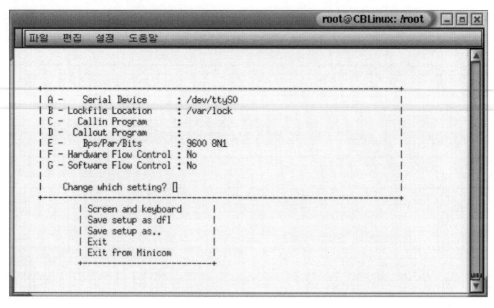

그림 3-10 minicom 시리얼 설정

USB2Serial 어댑터를 사용하여 통신을 하는 경우에는 'Serial Device'를 /dev/ttyUSB0로 설정해야 한다.

ESC 키에 의해 주 메뉴 화면으로 빠져 나온다. 주 메뉴로 빠져 나와서 다시 "Save setup as dfl" 메뉴를 선택하여 설정 값을 저장하도록 한다. 저장이 끝나면 "Exit from Minicom" 메뉴를 선택함으로써 minicom 설정 과정을 모두 종료하고 PC의 터미널 창으로 복귀한다.

LDS2000과 호스트 머신사이에 시리얼 통신을 위한 설정이 완료되었다. minicom 설정 과정은 시리얼 속도 변경과 같이 시리얼 설정 항목에 변화가 생겼을 경우에만 한번 실행하여 설정해 주면 된다. 그 이후에 설정 내용의 변경이 필요 없다면 터미널 창에서 -s 옵션을 생략하여 다음과 같이 minicom을 실행시키면 된다.

```
#minicom
```

minicom을 실행 시키면 호스트 머신의 화면에 minicom 초기화면이 나타난다.

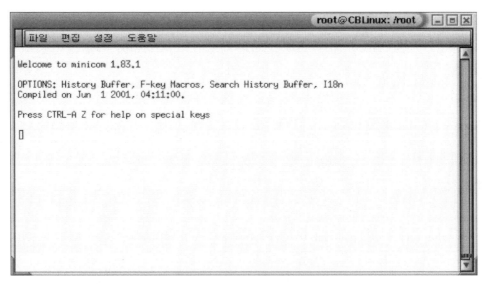

그림 3-11 minicom 초기 화면

LDS2000에서 출력되는 메시지가 있다면 화면의 하단 부분에 나타난다. minicom 사용에 대한 도움말 화면을 보기 위해서는 minicom 초기 화면에서 CTRL+A 키를 한번 누르고 이어서 z키를 누른다.

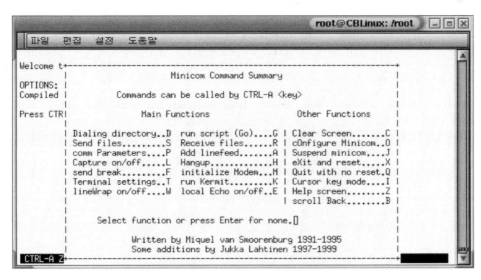

그림 3-12 minicom 도움말 화면

도움말 정보처럼 minicom을 종료하기 위해 Q 키를 누르면 minicom을 빠져나가 터미널 창으로 복귀하게 된다. minicom 사용 중에 종료하려면 마찬가지로 CTRL+A 키를 한번 누르고 이어서 Q 키를 누르면 된다.

사. 전원인가 및 동작 확인

지금까지의 실습으로 케이블 연결과 호스트 머신의 개발 환경 설정을 완료되었다. LDS2000에 전원을 인가하여 동작시켜 보도록 한다.

전원 케이블은 이미 연결된 상태이므로 LDS2000의 전원 스위치를 올리기만 하면 되는데 전원 스위치는 외부 케이스에 부착이 되어 있는 전원 스위치를 올린 후 LDS2000 보드 상태를 육안으로 살펴 보도록 하자

입/출력 장치들이 ON됨을 확인 할 수 있을 것이다. 우선, 전원 표시 LED가 ON됨을 확인 할수 있을 것이며, 8개의 LED가 각각 하나 건너씩 ON 되는지, 5개의 7-Segment가 숫자 "0"의 값을 표시 하는지, LCD의 백 라이트가 ON 되는지 확인 하도록 한다.

그림 3-13 전원 인가 및 보드 변화 확인

전원 인가 후에 보드 상태 변화를 확인하였다면 이제는 호스트 머신에서minicom을 실행시켜 LDS2000에서 출력되는 메시지를 확인해 보자. 특정한 출력 메시지를 확인하게 되면 LDS2000이 올바르게 동작하고 있다는 점과 시리얼 케이블의 연결 상태, 시리얼 통신 설정이 모두 검증되는 셈이다.

전원 스위치를 내린 후 연결된 케이블의 상태를 확인한다. 아래와 같이 minicom 명령 수행을 한 후 전원 스위치를 ON시킨 후, minicom화면을 주시하여 출력 되는 메시지를 확인 하도록 한다.

#minicom

---

minicom 화면에 출력되는 메시지는 LDS2000에서 실행되고 있는 부트 로더란 프로그램의 출력 메시지이며, 부트 로더에 대해서는 다음 장에서 자세히 다루고 살펴볼 내용이다. 여기서는 메시지 해석 보다는 단지 특정 메시지가 minicom 화면으로 출력되는 것을 확인하여 정상적인 환경 구성이 완료되었음을 확인하기 위함이다.

제 **4** 장
커널 부팅

1 커널 부팅

가. 커널 부팅 단계

임베디드 시스템 하드웨어가 개발되면 하드웨어에서 운영되는 임베디드 리눅스를 개발해야한다. 임베디드 리눅스는 리눅스 커널을 임베디드 시스템에 맞게 만들어진 커널이다. 임베디드 시스템에 맞는 커널을 개발한다는 것은 상당한 시간을 필요로 하며, 개발 기간의 상당부분을 차지하게 된다. 일반적으로는 일반화된 리눅스 커널을 개발한 임베디드 시스템 하드웨어에 맞게 수정하여 사용한다. 이러한 과정을 커널 포팅이라고 한다.

커널 포팅은 임베디드 시스템에서 사용하는 보드에서 리눅스 커널을 사용하기 위해서 임베디드 시스템에 맞도록 리눅스 커널의 아키텍쳐 부분 소스와 각 종 하드웨어 제어를 위한 디바이스 드라이버 소스를 어드레스 및 인터럽트 부분 등을 수정하고 초기 부팅 부분을 부트로더와 맞추어 가는 과정이다. 즉 리눅스 커널을 개발한 임베디드 시스템 하드웨어 사양에 맞도록 설정하여 임베디드 시스템에 올려 사용하는 과정이다.

커널 포팅은 하드웨어 사양에 맞게 커널을 수정하는 협의의 커널 포팅과 수정된 커널을 컴파일 하여 부트로더를 이용하여 임베디드 시스템에서 실행하는 커널 부팅으로 나누어진다. 협의의 커널 포팅은 보드 포팅, MPU 포팅, 프로세서 코어 포팅, 새로운 프로세서 추가 형태의 포팅 등이 있다. 일반적인 임베디드 프로세서나 임베디드 보드에 대해서는 리눅스 커널에서 지원하기 때문에 보드 포팅은 가장 쉬운 단계이다. 본 교재에서 사용하는 커널도 리눅스 커널을 LDS2000에 맞게 포팅된 커널로, 제조회사에서 제공하고 있다.

커널 부팅이란 임베디드 시스템에 부트로더를 이용하여 리눅스 커널을 적재하고 동작시키는 일련의 작업을 말한다. 일반 PC를 부팅하는 것과 유사하다. 커널 부팅이 완료된 후에야 비로소 응용 프로그램의 동작이 가능하기 때문에 커널 부팅이라는 것은 응용 프로그램 실행 이전에 반드시 거쳐야 할 중요한 과정이다. 커널부팅을 하려면 일정한 단계를 거쳐야 하는데 커널 부팅의 전체적인 단계는 다음과 같다.

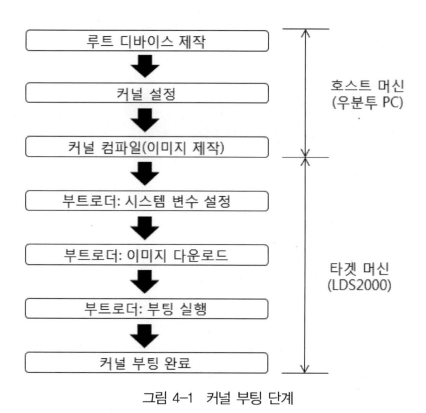

그림 4-1 커널 부팅 단계

1) 루트 디바이스 제작

마치 PC의 하드디스크처럼 임베디드 시스템의 커널부팅에 필요한 디스크 장치인 루트 디바이스를 호스트 머신에서 제작하는 단계이다. 루트 디바이스 장치에는 커널 부팅에 필요한 파일 자원들이 저장되어 있다.

2) 커널 설정 실행

커널 소스를 컴파일하기 이전에 호스트 머신에서 커널 설정이란 작업을 실행하여 다양한 커널 기능 가운데 불필요한 기능은 버리고 자신이 원하는 커널 기능만 구현되도록 함으로써 커널을 최적화하는 과정이다.

3) 커널 컴파일(이미지 제작)

호스트 머신에서 리눅스 커널 소스를 직접 컴파일함으로써 리눅스 운영체제에 대한 실행 파일인 커널 이미지를 제작하는 단계이다.

4) 부트 로더: 시스템 변수 설정

자신의 네트워크 환경에 맞도록 IP 주소와 같은 시스템 변수를 변경해 주거나 또는 부팅 방법과 관련된 시스템 변수인 커널 인자를 부트 로더란 프로그램을 실행한 뒤에 부트 로더 명령어 가운데 변수 설정과 관련된 명령어를 사용하여 설정해주는 단계이다.

5) 부트 로더: 이미지 다운로드

LDS2000에서 부팅을 실행하기 위해 필요한 루트 디바이스 파일과 커널 이미지 파일을 LDS2000으로 다운로드하는 단계이다. 다운로드 방법은 부트 로더 명령어 가운데 TFTP 다운로드 명령어를 사용하여 각 파일을 호스트 머신에서 LDS2000으로 다운로드 한다.

6) 부트 로더: 부팅 실행

LDS2000으로 다운로드된 루트 디바이스와 커널 이미지 파일을 이용하여 부팅을 하는 단계이다. 부트 로더 명령어 가운데 부팅 명령어를 사용하여 부팅 명령을 내리게 되면 커널 이미지 파일이 실행되어 부팅을 시작하게 된다.

7) 커널 부팅 완료

커널 이미지 파일이 실행되는 부팅과정에서 그에 필요한 파일자원은 루트 디바이스로부터 제공받아 최종적으로 정상적인 부팅이 완료되는 단계이다. 이 단계까지 완료되어야만 비로소 LDS2000에서 리눅스 운영체제가 동작하기 시작한다.

나. 루트 디바이스(Root Device)

루트 디바이스란 커널 부팅에 필요한 파일 자원을 저장하고 있는 장치이다. 즉, 커널 부팅과정에 필요한 설정 파일이나 혹은 데몬 프로그램과 같은 파일 자원을 루트 디바이스에 저장하고 이 파일자원을 이용하여 부팅을 완료하게 된다. 마치 PC의 하드디스크처럼 루트 디바이스는 임베디드 시스템에 필요한 디스크 장치 역할을 담당하고 있는 셈이다. 그런데 루트 디바이스의 종류에 있어서 임베디드 시스템과 PC는 근본적으로 다르다.

임베디드 시스템은 특정 목적에 최적화된 간결한 하드웨어를 지향하는 시스템이므로 하드디스크와 같은 대용량의 저장장치가 없는 임베디드 시스템이 매우 많다. 이와 같은 이유로 특별한 디스크 장치가 없는 임베디드 시스템에서 디스크 기능을 발휘할 수 있도록 기술적인 해결책이 모색되었는데 대표적인 것이 바로 램 디스크와 NFS이다. 이 두 가지 방법이 바로 임베디드 시스템에서 사용되는 대표적인 루트 디바이스들이다.

램 디스크(RAM Disk)는 이름에 나타나 있듯이 램의 전체 영역가운데 일부 영역을 디스크 공간을 위한 목적으로 할당하여 이 영역에 필요한 파일자원을 저장함으로써 마치 램을 디스크처럼 활용하는 장치이다. 임베디드 시스템에 흔히 존재하는 램을 이용하되 램의 읽기/쓰기가 가

능하다는 특성을 활용하여 디스크와 동일한 기능을 발휘하도록 만든 장치

NFS(Network File System)은 자신으로부터 멀리 떨어져 있는 별도의 원격지 시스템에 필요한 파일 자원을 저장해놓고 그 파일 자원을 네트워크로 접근함으로써 원격지에 떨어져있는 파일자원을 마치 자신의 파일처럼 사용할 수 있도록 제공된 방법이다. NFS는 1984년에 썬 마이크로시스템즈가 개발한 프로토콜이다. 클라이언트 컴퓨터의 사용자가 네트워크 상의 파일을 직접 연결된 스토리지에 접근하는 방식과 비슷한 방식으로 접근하도록 도와 준다. 다른 수많은 프로토콜과 마찬가지로 ONC RPC 시스템을 기반으로 한다. 네트워크 파일 시스템은 RFC에 정의된 오픈 표준이므로 누구나 구현할 수 있다.

램 디스크와 NFS의 장단점은 표 4-1과 같다.

루트 디바이스를 어떤 방법으로 구현하는지에 따라 전체적인 커널 부팅 흐름에서 약간의 차이를 갖는다. 즉, 램 디스크와 NFS의 선택에 따라 구현적인 측면에서 차이가 있다. 램 디스크와 NFS는 모두 루트 디바이스 용도로 사용된다는 측면에선 루트 디바이스 제작 단계를 수행한다. 하지만, 램 디스크의 경우 호스트 머신에서 직접 램 디스크 이미지 파일을 제작하는 방식으로 루트 디바이스를 구현하며, NFS의 경우 호스트 머신을 NFS 서버로 설정해주는 작업이 곧 루트 디바이스 구현이라는 의미와 동일하다.

표 4-1 램 디스크와 NFS 비교

구 분	장 점	단 점
램디스크	임베디드 시스템의 램을 이용하는 방법이므로 별도의 외부 시스템 없이도 자체적으로 루트 디바이스의 구현이 가능하다.	램 디스크에 저장할 파일 자원을 변경할 필요가 있을 때마다 램 디스크를 다시 제작해야 한다는 번거로움이 있다.
NFS	루트 디바이스의 파일 자원을 변경하고자 할 때 단지 원격지 시스템에 저장된 파일만 변경해주면 수정내용이 그대로 반영된다는 편리함이 있다.	NFS 서버를 위한 별도의 외부 시스템이 필요하며 동시에 신뢰성 있는 네트워크 기반이 미리 구축되어 있어야 한다는 부담이 있다.

두 방법상에는 구현방식에 차이가 있을 뿐이며 분명 루트 디바이스 제작이라는 주제에선 서로 동일하다. 또한, 두 번째 단계에서 커널 설정 단계는 서로 동일하지만, 램 디스크를 이용할 때와 NFS를 이용할 때 설정 내용이 약간 다르게 되며 네 번째 단계에서도 각각에 대한 시스템 변수 설정 내용이 약간 다르다. 각 루트 디바이스별 커널 부팅 단계는 다음 절에서 구체적으로 설명과 실습을 한다.

다. 커널 설정

커널 설정이란 자신이 필요로 하는 커널 기능만 포함되도록 커널 소스를 선별해 주는 작업을 말한다. 즉, 커널 설정이라는 작업을 거쳐 전체 커널 소스 가운데 자신이 원하는 기능과 관련된 소스코드만 컴파일 되도록 선별해주고 난 뒤에 커널 소스를 컴파일하게 되면 결국 커널이 제공하는 많은 기능가운데 자신이 원하는 기능만 구현된 커널 실행파일을 얻을 수 있다.

커널 설정은 자신이 원하는 방향대로 커널 기능을 설정하여 보다 효율적으로 커널 기능을 사용할 수 있다는 동시에 커널 크기를 줄일 수 있다는 장점이 있다. 커널 설정에서 고려해야 할 커널 기능은 매우 많지만 그 가운데 커널 부팅과 관련된 예를 든다면 커널이 사용할 루트 디바이스 종류를 선택하는 기능이 있다.

루트 디바이스에 대한 커널 기능은 앞서 배운 램 디스크와 NFS를 모두 지원하도록 되어 있는데 루트 디바이스 종류는 하나만 지정해야 하므로 커널 설정을 통하여 램 디스크와 NFS 가운데 하나를 선택해 주어야 한다. 또한 루트 디바이스에 따라 커널 설정에 차이가 있다.

커널 설정 방법은 커널 설정 스크립트를 실행하여 메뉴 선택 방식에 의해 진행된다. 즉, 커널 설정 스크립트를 실행시키면 커널 기능과 직접적으로 대응된 여러 가지 메뉴 항목이 보여지게 되고 그 항목가운데 사용자가 원하는 항목을 선택하거나 또는 불필요한 항목을 해제함으로써 원하는 커널 기능을 포함하거나 또는 삭제하는 방식이다.

커널 설정 메뉴는 종류가 많기 때문에 그 의미를 모두 설명하기 보다는 관련 자료를 참조하도록 하며 그 가운데 루트 디바이스 종류를 선택하는 메뉴를 예로 들어 실습해 보기로 한다. 현재는 응용 실습을 위한 커널 부팅에 초점을 두고 있기 때문에 루트 디바이스 선택과 관련된 커널

설정만 하기로 하며 나머지 설정 사항은 LDS2000 소프트웨어 CD에서 제공된 상태로 이용하면
된다.

라. 커널 컴파일(이미지 제작)

커널 설정이 완료되면 다음 과정은 호스트 머신에서 커널 컴파일을 통해 커널 이미지를 제작
하는 단계이다. 커널 이미지란 커널 소스를 컴파일하여 얻은 실행파일로서 리눅스 운영체제이
다. 리눅스 커널 소스는 완전히 공개되어 있기 때문에 사용자가 커널 소스를 구하여 직접 컴파
일함으로써 리눅스 운영체제를 직접 제작할 수 있다는 특성이 있다. 그리고, 컴파일에 의해 생
성된 실행파일을 통상 커널 이미지라고 부른다.

커널 소스 구조는 여러 디렉터리로 구성되어 있는데 디렉터리 구성과 각 디렉터리에 속한 소
스 파일의 기능은 표 4-2와 같다.

표 4-2 커널 소스의 디렉터리별 내용

디렉터리	구현 기능
Documentation	커널 버전에 따른 수정내용, 패치 정보와 같이 사용자가 참조할 수 있는 커널 정보에 대한 다양한 문서
arch	CPU 초기화나 보드 초기화처럼 하드웨어 사양에 따라 완전히 달라지게 될 하드웨어 의존적인 소스 파일
drivers	주변장치 제어를 위한 드라이버 소스 파일
fs	ext2, FAT와 같은 파일 시스템을 구현한 소스 파일
include	커널 소스 파일에 대한 헤더 파일
init	초기 프로세서(init 프로세서) 구동과 관련된 소스 파일
ipc	메시지 큐, 공유메모리와 같이 IPC(Inter Process Communication) 관련 소스 파일
kernel	프로세서 관리, 스케줄러와 같은 운영체제 핵심 기능이 구현된 소스 파일
lib	커널 소스 자체적으로 활용되는 라이브러리 파일
mm	메모리 관리를 위한 소스 파일
net	네트워크 기능과 관련된 소스 파일
scripts	커널 패치, 커널 설정과 같이 일괄처리 작업을 위한 스크립트 파일

커널 소스는 네트워크를 통해 여러 웹 사이트에서 무료로 다운로드 받을 수 있다. 그런데 다운로드한 커널 소스를 컴파일하여 커널 이미지를 만들었어도 곧바로 자신의 임베디드 시스템에서 동작하지 않는 경우가 많다. 왜냐하면 자신이 보유하고 있는 임베디드 시스템의 특정 하드웨어 동작과 다운로드한 커널 소스가 서로 일치하지 않거나 또는 일부 수정이 필요한 경우가 많기 때문이다.

따라서, 사용자가 직접 커널 소스 일부를 수정하거나 또는 별도의 코드를 추가하여 자신의 하드웨어에 맞도록 커널 소스를 고쳐주는 소위 커널 포팅 과정을 거쳐야만 동작시킬 수 있다. 예를 들어, LDS2000의 경우 LDS2000의 하드웨어 구성에 맞도록 포팅한 커널 소스를 제공하고 있는데 포팅된 커널 소스는 LDS2000 소프트웨어 CD를 설치할 때 PC에 설치된다. 즉, LDS2000의 예와 같이 임베디드 시스템의 하드웨어 구성은 CPU부터 주변장치에 이르기까지 그 용도에 따라 너무 다양하게 존재하기 때문에 이 모든 사양을 커널 소스 내부에서 다 지원한다는 것은 불가능하다. 예외적으로 IBM 또는 모토롤라 회사에서 제작된 하드웨어처럼 일부 유명한 시스템에 대한 하드웨어 코드는 커널 소스에 이미 포함되어 있다.

LDS2000에 제공된 커널 소스는 ARM계열의 하나인 X-scale용 크로스 컴파일러를 사용하여 컴파일해야 한다. 커널 소스 전체는 많은 수의 소스 파일이 있으므로 사용자가 일일이 컴파일 명령을 내려 모든 파일을 컴파일하는 방법은 매우 비효율적이다. 따라서, 일괄적으로 컴파일 작업을 수행할 있는 보다 효과적인 법이 필요하게 되는데 그 방법이 Makefile을 작성을 통한 make 명령을 이용하는 방법이다.

커널 소스의 컴파일 작업은 Makefile 파일을 참조하여 make 명령에 의해 진행된다. Makefile은 미리 정의된 일정한 기호와 변수들을 사용하여 컴파일 과정을 표현한 일종의 서식파일로써 그 내용을 make 명령이 호출함으로써 파일에 표현된 내용대로 일괄적인 컴파일 작업이 진행된다. Makefile은 이미 커널 소스에 포함되어 있기 때문에 단지 호스트 머신에서 make란 명령어를 입력해주면 자동적으로 컴파일 작업이 처리된다.

앞서 설명한 바와 같이 커널소스의 컴파일 작업은 Makefile 파일을 참조하여 make 명령에 의해 진행되는데 일반적으로 다음과 같은 단계를 거쳐 수행된다. 위와 같은 과정을 설명하면 다음과 같다.

1) make dep

make dependency의 축약된 의미로써 커널 소스의 의존성을 검사하여 갱신이 필요한 경우 의존성 정보를 갱신한다. 의존성이란 쉽게 말해 커널 소스가 위치한 디렉터리를 기준으로 계산된 상대적 위치정보를 말한다. 예를 들어, 커널 소스가 위치한 원래의 디렉터리가 A일 때 만약 전체 커널 소스를 원래의 A에서 B 디렉터리로 모두 옮긴 후 B 디렉터리에서 컴파일을 시도하면 파일을 찾지 못하는 오류를 발생하게 된다.

B로 복사된 커널 소스는 파일간의 상대적인 위치정보가 이전의 A 디렉터리를 기준으로 작성된 상태이기 때문에 만약 B 위치에서 그대로 컴파일 하게 되면 의존성 정보에 따라 A 위치를 기준으로 소스 파일을 찾으려다 실패하게 되는 것이다. 이와 같은 경우에 B 위치를 참조하도록 의존성 정보를 갱신할 필요가 있는데 이때 사용되는 명령이 "make dep" 이다. "make dep" 명령을 내리면 Makefile 내용 가운데 dependency 처리 블록을 찾아서 파일에 명시된 내용대로 처리수행을 한다.

2) make clean

새로 컴파일 작업을 수행하기 전에 이전의 컴파일 과정에서 생성됐던 오브젝트 파일이나 또는 기타 불필요한 파일을 모두 지우는 명령이다. 마찬가지로 "make clean" 명령을 내리면 Makefile 내용 가운데 clean 처리 블록을 찾아서 파일에 명시된 내용대로 처리수행을 한다.

3) make (zImage)

소스 코드 컴파일을 지시하는 명령이다. 역시 "make" 명령을 내리면 Makefile 내용 가운데 all 처리 블록을 찾아서 파일에 명시된 내용대로 처리를 하게 되는데 이 과정이 바로 크로스 컴파일러에 의해 소스 코드를 컴파일 하는 실제적인 컴파일 작업에 해당된다.

위와 같이 커널 소스의 컴파일 작업은 단순히 make 명령에 의해 Makefile 내용을 참조하여 진행되지만 각 단계마다 고유의 목적으로 수행된다는 것에 유의하도록 한다.

마. 부트 로더(Boot Loader)

부트 로더란 운영 체제가 시동되기 이전에 미리 실행되면서 커널이 올바르게 시동되기 위해 필요한 모든 관련 작업을 마무리하고 최종적으로 운영 체제를 시동시키기 위한 목적을 가진 프로그램을 말한다. 즉 부트 로더란 커널 부팅 이전에 하드웨어를 초기화하거나 또는 커널 부팅과 관련된 시스템 변수 설정과 같이 궁극적으로 커널 부팅에 필요한 기반작업을 수행하기위해 작성된 펌웨어(firmware) 프로그램으로써 임베디드 시스템에 내장된 채로 전원 인가나 혹은 리셋에 의해 가장 먼저 실행되는 프로그램이다.

부트로더는 하드웨어 초기화 기능과 부트 로더 명령어 수행 기능을 수행한다. 하드웨어 초기화 기능은 전원 인가나 리셋 후 부트 로더가 실행되는 과정에서 CPU, 메모리, 시리얼, 네트워크 장치와 같이 커널 부팅에 관련된 하드웨어 장치들이 초기화된다. 즉, 커널 부팅 이전에 기본적인 하드웨어 초기화 작업이 먼저 선행되어야만 커널 이미지나 응용 프로그램과 같은 소프트웨어들이 초기화된 하드웨어를 기반으로 올바르게 동작할 수 있다는 것은 당연하다. 따라서, 커널 부팅 이전에 이러한 일련의 하드웨어 초기화 과정을 부트 로더가 처리해주는 것이다.

하드웨어 초기화에 관련된 코드를 아예 커널 소스에 포함시키지 않고 굳이 부트 로더란 별도의 프로그램을 이용하여 초기화를 수행하는 과정에 의문이 생길 수 있다. 그 이유는 임베디드 시스템의 특성 때문이다. 즉, 임베디드 시스템은 특정 기능을 위해 사용되는 시스템이므로 목적하는 기능이나 또는 동일한 기능임에도 불구하고 제작자에 따라 하드웨어 구현방법이 달라질 수 있기 때문에 모든 초기화 코드를 커널에 삽입한다는 자체가 불가능하다. 결국 임베디드 시스템의 사용자는 자신의 하드웨어에 맞도록 초기화 코드를 새로 작성하거나 또는 기존의 초기화 코드를 일부 수정해야 하는 부담이 따른다. 이 과정을 소위 포팅이라고 부른다.

LDS2000에 내장된 부트 로더는 U-BOOT라는 기존의 부트 로더 프로그램을 LDS2000의 하드웨어 사양에 맞도록 수정된 부트 로더가 내장되어 있다. U-BOOT는 ARM을 기반으로 하는 다양한 시리즈의 CPU를 위해 작성된 부트 로더 프로그램으로 직접 작성하는 방법도 좋지만 이를 자신의 하드웨어에 적합하도록 적절히 포팅하여 유용하게 사용할 수 있다. 물론 다른 종류의 부트 로더를 적용해도 상관없으나, U-BOOT는 리눅스를 중심으로 개발되었기 때문에 많은 사용자가

U-BOOT를 적용하여 포팅하고 있다. U-BOOT의 모든 버전에 대한 소스 코드는 www.sourceforge.net에서 무료로 다운로드 받을 수 있다.

부트 로더 명령어 수행 기능은 부트 로더 프로그램에서 제공되는 몇 가지 명령어를 처리하는 기능인데 그 과정은 하드웨어 초기화의 경우와 틀리다. 즉, 하드웨어 초기화는 부트 로더가 실행되면서 프로그램 흐름에 따라 자동적으로 처리되는 반면 명령어 처리는 사용자가 먼저 특정 명령어를 입력해 주어야만 실행되는 수동적인 기능이다.

사용자가 입력하는 명령어를 받아들이도록 일종의 창구가 필요한데 LDS2000에 내장된 부트 로더의 경우 프로그램 마지막 부분에서 아래와 같은 명령어 프롬프트를 제공하고 있다. 부트 로더가 실행되면 먼저 초기화 코드에 의해 하드웨어 초기화를 완료하는 과정을 거치고 그 이후에 프로그램의 마지막부분에서 아래와 같은 프롬프트를 출력하고 계속 사용자 명령을 기다리는 상태에 머물러 있게 된다. 이 상태에서 사용자가 특정 명령어를 입력해주면 부트 로더가 이를 해석하여 처리하는 방식이다.

[LDS2000]   //부트 로더 프롬프트

명령어 처리 기능은 부트 로더에서 제공되는 명령어의 종류에 따라 틀려지게 되는데 LDS2000의 부트 로더 명령어 가운데 가장 많이 쓰이는 명령어 및 기능을 정리하면 다음 표 4-3 과 같다.

표 4-3 부트로더 명령어

명령어	기능
printenv	시스템 변수 목록과 설정 값 출력
setenv	시스템 변수에 대한 설정 값 변경
saveenv	시스템 변수에 대한 설정 값 저장
tftp	호스트에 TFTP 다운로드를 요청하여 원하는 파일을 호스트에서 LDS2000으로 다운로드
bootm	부팅 명령.
? 또는 help	명령어 사용법에 대한 도움말 출력

시스템 변수는 IP주소, 커널 인자와 같이 부트 로더에게 필요한 시스템 정보들이 저장된 변수이며, 부트 로더 명령어에 의해 시스템 변수를 출력하거나 변경할 수 있다. 예를 들어, 사용자가 부트 로더 명령어 대기 프롬프트에 'printenv' 명령어를 입력하면 현재 설정된 시스템 변수 목록과 저장된 값을 출력해 볼 수 있으며 그 가운데 만약 IP 주소를 다른 값으로 변경하고 싶으면 'setenv' 명령어에 의해 변경이 가능하다. 또한, 변경된 내용을 저장하고 싶다면 'saveenv'라는 부트 로더 명령어를 내리면 된다.

LDS2000의 부트 로더에는 몇 가지 명령어가 더 있는데 자세한 사용법은 도움말 명령인 'help'나 '?'를 이용하여 알 수 있다.

LDS2000의 부트 로더는 LDS2000의 플래시 메모리에 저장되어 있는데 부트 로더는 전원인가나 리셋 후 즉시 실행되어야 하기 때문에 일반적으로 CPU가 최초로 발생하는 특정 어드레스 위치를 시작으로 부트 로더가 저장되어 있다.

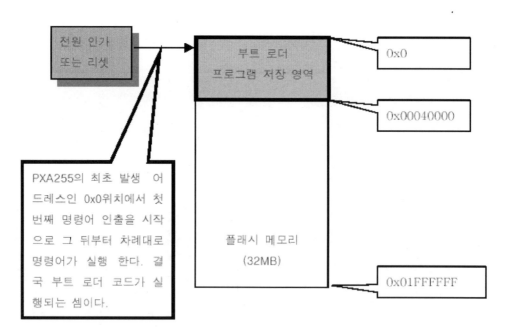

그림 4-2 LDS2000의 부트 로더 위치

LDS2000에 탑재된 PXA255는 32비트 어드레스를 사용하므로 0x00000000 − 0xFFFFFFFF까지 총 4GB 영역을 표현할 수 있는데 만약 PXA255에 전원인가나 리셋이 발생하면 최초로 0x0 어드레스를 발생하고 이 어드레스에 위치한 명령어를 시작으로 차례대로 어드레스를 증가시켜가며 명령어를 읽어서 처리한다. 이 어드레스를 시작으로 부트 로더가 저장되어 있어야만 전원인가나 리셋 후에 즉시 부트 로더가 실행될 수 있다.

LDS2000의 플래시 메모리는 32MB 크기의 플래시 메모리를 사용하여 0x0부터 0x01FFFFFF 사이의 어드레스 영역을 차지하도록 하드웨어를 구성하였는데 부트 로더 프로그램의 크기가 0x40000이므로 플래시 메모리 영역가운데 0x0부터 0x00040000까지 부트 로더가 차지하고 있다.

CPU는 전원 인가나 리셋 후에 최초의 명령어를 가져오는 특정 어드레스가 이미 정해져 있는데 그 어드레스 영역은 통상적으로 플래시 메모리가 할당되어 있도록 하드웨어를 제작한다. 부트 로더의 제작 과정을 U-BOOT를 예로 들어 설명한다면 우선, 다운로드한 소스 코드를 자신의 하드웨어에 맞도록 일부 코드를 수정해주는 이른바 포팅 작업을 거쳐야 하는데 포팅 작업은 하드웨어와 직접적으로 연관되어 있으므로 어느 정도 하드웨어에 대한 기반 지식을 필요로 한다.

하드웨어 구성과 다운로드한 원래의 소스 코드가 서로 일치한다면 포팅 작업이 필요 없지만 대부분 소스를 수정해야 할 경우가 많다. 포팅 작업이 완료된 부트 로더 소스를 호스트 머신에서 크로스 컴파일러로 컴파일하여 부트 로더 실행파일을 생성한다. 이후에 JTAG 장비와 같이 플래시 메모리에 데이터를 쓸 수 있는 장비를 이용하여 생성된 실행파일을 플래시 메모리의 원하는 위치에 써서 저장하게 되면 모든 과정이 종료된다.

1) 시스템 변수 설정

커널 이미지 제작 이후에 단계는 부트 로더에서 시스템 변수를 설정하고, 부트 로더에서 이미지를 다운로드하며, 마지막으로 부팅을 시키는 과정이다. 이 단계들의 공통점은 모두 부트 로더의 명령어를 이용하여 처리된다는 점이다.

따라서, 각 단계에서 처리되는 과정을 부트 로더 명령어와 연관시켜 자세히 살펴보기로 하는데, 첫번째로 시스템 변수를 설정하는 단계를 알아보도록 한다. 시스템 변수 설정 과정을 설명하기 이전에 우선, LDS2000의 부트 로더가 관리하고 있는 주요한 시스템 변수와 그 의미는 아래 표와 같다.

표 4-4   부트로더-시스템 변수

변수 이름	의미
bootargs	커널 인자가 저장된 변수이다.
bootcmd	이전에 설명한 자동 부트 시에 수행할 부트 로더 명령어를 저장해놓은 변수이다. 즉, 부트 로더를 실행하고 PC의 아무런 키를 누르지 않아서 자동 부트 상태로 진입했을 때 부트 로더는 이 변수에 저장된 명령어를 스스로 읽어서 자동적으로 일괄 처리를 한다.
bootdelay	자동 부트 여부를 묻는 대기 시간(초 단위)이 저장된 변수이다. 따라서, 이 값을 조정해주면 자동 부트 대기 시간이 짧아지거나 길어지게 되는데 기본적으로 5초간 대기하도록 설정되어 있다.
ethaddr	LDS2000의 네트워크 인터페이스에 할당된 고유의 이더넷 어드레스가 저장된 변수이다. 이 값은 네트워크 인터페이스에 할당된 유일한 값으로 이미 제조사에 의해 결정되어 나오므로 변경해서는 안된다는 점에 주의하도록 한다.
host_ip	호스트에 부여된 IP 주소가 저장된 변수이다. 따라서, 네트워크 환경에 따라 PC에 할당된 IP 주소로 새로 설정해 주어야만 PC와 네트워크 통신을 하거나 TFTP에 의한 다운로드가 가능해진다.
target_ip	임베디드 시스템에 할당할 IP 주소가 저장된 변수이다. 따라서, PC와 네트워크 통신을 하기위해 자신의 네트워크 환경에 따라 LDS2000에 할당할 IP 주소를 이 변수에 저장해 주어야 한다.
board_version	제조사에 의해 부여된 LDS2000의 고유 버전 번호를 저장한 변수로써 변경이 불가하다.
board_sn	제조사에 의해 부여된 LDS2000의 고유 일련 번호를 저장한 변수로써 변경이 불가하다.

시스템 변수 가운데 커널 부팅과 관련된 변수는 host_ip, target_ip, bootargs 처럼 모두 세 가지이다. host_ip와 target_ip의 설정은 개발 환경 구성에서 설명한 바와 같이 호스트 머신과 LDS2000 사이의 네트워크 연결에 의해 TFTP 다운로드 동작을 하기 위해 필요하다. 자신이 속

한 네트워크 환경에 따라 변화되는 값이므로 현재 구성된 네트워크 환경에 따라 설정해 주어야 한다.

bootargs는 커널 인자가 저장된 변수이다. 커널 인자라는 것은 부팅 과정에서 커널이 참조하도록 사용자가 지시하는 값으로써 부팅을 시작하기 전에 부트 로더는 이 변수에 저장된 값을 그대로 커널에게 넘겨주게 된다. 그러면 부팅 과정에서 커널은 이 값을 해석하여 그에 알맞은 방법으로 부팅 흐름을 가져가게 된다. 예를 들어, 사용자는 램 디스크와 NFS 가운데 어떤 루트 디바이스를 사용하여 부팅을 하고 싶은지 커널에게 전달해주어야 할 경우가 있는데 이때 특정 루트 디바이스를 가리키는 인자 값을 커널인자에 대입함으로써 간접적으로 커널에게 전달해 주는 것이다.

램 디스크와 NFS를 사용하도록 설정된 각각의 커널 이미지는 그에 해당하는 코드만 포함하고 있을 뿐 실제로 어떤 루트 디바이스를 사용하여 부팅을 할지는 사용자가 결정해 주어야 하고 그 방법이 바로 커널인자를 통하여 전달해주는 것이다. 만약, 램 디스크를 사용하도록 설정된 커널 이미지에 NFS에 대한 커널 인자를 입력하여 부팅을 실시하면 오류가 발생할 것이다. 사용자가 지시하는 루트 디바이스 종류는 NFS인데 그에 반해 램 디스크를 사용하도록 설정된 커널은 커널 설정 과정에서 NFS 관련 코드가 누락되었기 때문에 정상적으로 수행되지 않는다. 반대의 경우도 마찬가지이다.

2) 이미지 다운로드 및 부팅

다음 단계는 커널 부팅에 필요한 루트 디바이스 파일과 커널 이미지 파일을 LDS2000으로 다운로드하는 단계이다. 호스트 머신에서 제작된 이미지 파일들을 LDS2000으로 가져와야만 LDS2000에서 커널 부팅을 실시할 수 있다. 시스템 변수 설정과 마찬가지로 다운로드 과정도 부트 로더의 명령어를 이용하여 처리한다.

다운로드 과정은 TFTP에 의한 네트워크 다운로드이다. 한가지 주의해야 할 점은 다운로드할 이미지 파일은 호스트 머신의 /tftpboot 디렉터리에 미리 위치해 있어야 한다는 점이다. 램 디스크를 이용하여 부팅을 할 경우 파일자원이 저장된 램 디스크 파일과 커널 이미지 파일을 모두 다운로드해야 하지만, NFS를 이용할 경우 파일 자원이 이미 PC에 구성되어 있으므로 단지 커널 이미지만 다운로드하면 된다.

다운로드한 이미지 파일을 이용하여 부트 로더의 부팅 명령어에 의해 부팅을 시작하라는 명령을 내리게 된다. 이때 부트 로더가 처리하는 과정을 상세히 설명하면 우선, 다운로드한 위치에서 압축된 커널 이미지 파일의 압축을 해제한다. 동시에 해제한 커널 이미지 코드를 다시 램의 시작번지부터 차례로 저장하게 되고 만약 램 디스크 파일까지 다운로드 하였다면 마찬가지로 압축을 해제하여 이번에는 램의 끝부분에 저장한다.

커널 코드가 재배열되어 저장된 램의 시작번지로 점프하여 코드를 실행한다. 즉, 이 시점부터 프로그램 제어가 부트 로더에서 커널 코드로 옮겨가게 되며 그 자체가 부팅 과정인 셈이다.

부팅 과정에서 램 디스크의 파일자원을 요구하면 램 디스크가 위치한 공간을 접근하여 커널 부팅에 필요한 파일을 획득하며 NFS인 경우 NFS 서버에 접속하여 원하는 파일자원을 사용함으로써 최종적으로 정상적인 부팅과정을 완료하게 되면 비로소 리눅스 운영체제가 LDS2000에서 동작하기 시작하는 것이다.

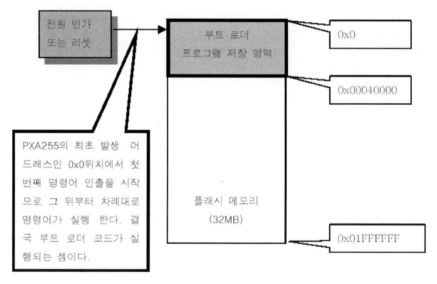

그림 4-3 부팅 명령의 처리 과정

바. 응용 프로그램 실행

커널 부팅이 완료된 이후에 호스트 머신의 minicom 화면에 나타난 쉘 프롬프트에서 ls와 같은 간단한 리눅스 명령어를 입력하여 실행하면 우분투 시스템에서 ls명령어를 실행하는 것과 동일한 결과를 출력한다.

응용 프로그램을 실행하기 위해서는 응용 프로그램을 컴파일한 실행 파일을 루트 디바이스에 포함시킴으로써 커널 부팅이후에 LDS2000에서 실행시킬 수 있다. 루트디바이스가 램 디스크인 경우에는 호스트 머신에서 응용 프로그램 실행 파일을 램 디스크 파일자원이 구성된 디렉터리를 기준으로 원하는 임의의 위치에 복사해주고 램 디스크 이미지를 다시 제작한 이후에 LDS2000에서 다시 제작된 램 디스크에 의해 부팅을 하고 파일을 출력해 보면 복사된 위치에 응용 프로그램 실행파일이 있어서 실행할 수 있다. 루트 디바이스가 NFS인 경우에는 호스트 머신에서 응용 프로그램 실행 파일을 NFS 파일자원이 구성된 디렉터리를 기준으로 원하는 임의의 위치에 복사해주고 이후에 LDS2000에서 파일을 출력해 보면 복사된 위치에 응용 프로그램 실행파일이 있어서 실행할 수 있다.

호스트 머신에서 응용 프로그램 컴파일 시 LDS2000은 ARM계열의 CPU가 탑재되어 있으므로 반드시 크로스 컴파일러로 컴파일해야 한다. 이들간의 공통점은 파일자원이 구성된 위치에 원하는 응용 프로그램 파일만 복사하면 그대로 루트 디바이스에 반영된다는 점이며 반면에 램 디스크의 경우 램 디스크 제작 및 커널 부팅을 다시 시작해야 한다는 점과 NFS의 경우 커널 부팅을 다시 할 필요가 없다는 차이점이 있다.

2 램 디스크 기반 커널 부팅

부트 디바이스로 램 디스크를 사용하여 커널을 부팅하는 과정은 다음 그림과 같다. 그림 4-1을 기반으로 하고 있으며, 램 디스크 특성상 NFS와 다른 부분은 램 디스크 이미지 제작, 램 디스크 기반 커널 설정, 부트로더의 시스템 변수 설정, 부트 로더의 커널 및 램 디스크 이미지 다운로드 부분이다(음영처리된 부분).

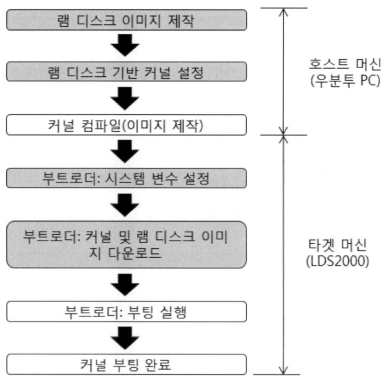

그림 4-4 램 디스크 기반 커널 부팅 단계

가. 램 디스크 이미지 제작

1) 램 디스크 파일 자원 구성

램 디스크 이미지는 커널이 사용하는데 필요한 파일들과 응용 프로그램 실행 파일을 포함하고 있다. 즉 커널 부팅 후에 사용하게 될 파일들은 램 디스크 이미지를 만들기 위해 사용되는 디렉토리안에 포함되어야 한다.

LDS2000 소프트웨어 CD를 설치하게 되면 PC의 특정 디렉터리 위치에 램 디스크에 필요한 파일 자원을 예제용으로 미리 제공하고 있는데, 다음과 같이 명령을 입력하여 파일자원이 구성된 디렉터리로 옮겨간 후 파일 목록을 출력해 본다.

```
#cd /home/LDS/LDS2000
#ls -al
```

출력된 파일을 보면 ramdisk.make란 파일과 image라는 디렉터리가 보이게 된다. ramdisk.make 파일은 램 디스크 이미지 제작용 스크립트 파일이며, image 디렉터리는 램 디스크 이미지로 만들어질 디렉토리이며, 파일 자원 구성에 대한 예제용으로 커널 부팅에 필요한 최소한의 파일과 라이브러리만으로 이루어졌다. 다음 명령어를 실행하여 image 디렉토리에 있는 파일 목록을 확인한다.

```
#cd image
#ls -al
```

응용 프로그램을 램 디스크에 추가하여 실행시켜 볼 때 단지 image 디렉터리를 기준으로 임의의 위치에 응용 프로그램 파일을 복사해 주고 ramdisk.make 스크립트를 실행하여 다시 램 디스크를 제작하면 된다. 반대로 필요 없는 파일을 램 디스크에서 제외하고 싶은 경우가 있다면 image 디렉터리에서 해당 파일을 삭제하고 마찬가지로 ramdisk.make 스크립트를 실행하여 램 디스크를 제작하면 램 디스크 파일구성에 그대로 반영된다.

응용 프로그램 실행 파일이 있을 때 이 파일을 image 디렉터리의 하위 디렉터리 가운데 bin 디렉터리에 복사해주고 ramdisk.make에 의해 다시 램 디스크를 제작하여 이 램 디스크로 LDS2000에서 부팅을 한 뒤에 LDS2000에서 bin 디렉터리 파일을 출력해보면 복사해준 응용 프로그램 실행 파일이 그대로 보이게 된다.

이때 응용 프로그램 실행 파일이 위치한 디렉터리는 호스트 머신에서는 /home/LDS/LDS2000/ramdisk/image/bin 디렉터리 였지만 LDS2000 입장에서는 /bin 디렉터리가 된다. 즉, image 디렉터리를 기준으로 구성된 파일자원에 의해 램 디스크를 작성하였으므로 호스트 머신 입장에서는 /home/LDS/LDS2000/ramdisk/image 디렉터리이지만 LDS2000 입장에서는 이 디렉터리 위치가 루트 디렉터리로 해석되어 보이게 된다. ramdisk.make란 스크립트는 image 디렉터리를 기준으로 구성된 파일들에 의해 램 디스크를 제작하도록 작성되었다.

ramdisk.make 스크립트와 image 디렉터리는 파일자원 구성에 대한 번거로움을 피하기 위해 LDS2000 소프트웨어 CD를 설치할 때 예제용으로 미리 제공되었기 때문에 만약 다른 디렉터리 위치에 파일 자원을 구성하고 싶다면 image 디렉터리처럼 커널 부팅에 필요한 파일자원을 직접 구성해주고 변경된 디렉터리 위치에 있는 파일들로 램 디스크를 제작하도록 ramdisk.make 스크립트 파일을 수정한 뒤에 스크립트를 실행하여 램 디스크를 제작해도 무방하다.

2) 램 디스크 이미지 제작 스크립트 실행

램 디스크 이미지는 호스트 머신에서 제작하며, 크게 네 단계로 구성된다. 첫번째 단계는 디렉터리, 설정 파일, 응용 프로그램과 같이 커널 부팅에 필요한 모든 파일자원을 PC의 하드디스크 디렉터리 가운데 특정 디렉터리 위치에 복사해주는 단계이다. 두 번째는 PC의 특정 디렉터리 위치에 구성된 파일자원을 램 디스크 내부에 저장하기 위해 모든 파일자원을 하나의 이미지 파일로 변환하는 작업이다. 세 번째는 변환된 이미지 파일에 리눅스 커널이 접근할 수 있도록 ext2 파일 시스템을 적재하여 최종적으로 램 디스크 이미지 파일을 생성하는 단계이다. 이 과정에서 생성된 이미지 파일이 곧 램 디스크이다. 마지막으로, 네 번째는 파일 크기를 최소화하기 위해 램 디스크 파일을 압축하는 단계이다. 이와 같은 각 단계의 세부적인 구현은 PC에서 리눅스 명령어에 의해 처리된다. 그런데 램 디스크를 제작하기까지 필요한 리눅스 명령어를 모두 입력하려면 다소 번거롭기 때문에 일반적으로 스크립트 파일을 작성하여 램 디스크를 제작한다.

LDS2000 소프트웨어 CD를 설치하게 되면 램 디스크 제작용 스크립트 파일이 설치된다. ramdisk.make란 이름으로 제공된 이 스크립트 파일은 램 디스크가 완성되기까지 필요한 리눅스 명령어들이 차례로 저장되어 있다. 따라서, 이 스크립트 파일을 호스트 머신에서 실행하면 파일에 저장된 명령어가 차례대로 수행되어 램 디스크가 제작된다.

우선, 스크립트 파일 내용을 보기위해 PC에서 터미널 창을 하나 열고 다음과 같이 명령을 입력하여 vi 편집기로 스크립트 파일 내용을 살펴보도록 한다.

```
#vi /home/LDS/LDS2000/ramdisk/ramdisk.make
```

Vi 편집기로 열어본 스크립트 파일을 보고 파일에 저장된 명령어들을 차례대로 분석해보면 램 디스크 제작에 필요한 리눅스 명령어와 그 과정을 알 수 있다.

램 디스크 제작 단계에서 스크립트 파일은 미리 구성된 파일자원을 램 디스크 이미지화 하고 파일 시스템을 적재하며 압축하는 과정을 수행하지만, 첫번째 단계인 파일자원에 대한 복사는 사용자가 직접 해주어야 한다. 즉, 스크립트 파일은 이미 구성된 파일자원을 바탕으로 램 디스크로 만드는 과정만 관여하고 램 디스크에 저장될 파일자원은 자신이 원하는 방향대로 직접 구성해 주어야 한다.

램 디스크를 제작하기 위하여 다음과 같이 스크립트를 실행하여 램 디스크를 제작하도록 한다. ramdisk.make 스크립트를 실행시킬 때 반드시 램 디스크 이미지 크기 인자를 입력하도록 한다. 이 인자는 KB 단위로 계산된 램 디스크의 크기를 결정하여 주며, 16384KB를 초과 하지 않도록 입력한다.

```
#cd ..
#./ramdisk.make 16384
```

스크립트의 실행이 끝나면 ramdisk.fs.gz란 램 디스크 파일이 생성되었는지 다음과 같이 출력해 보도록 한다. 램 디스크 이미지 제작 단계를 통해 ramdisk.fs.gz란 램 디스크 이미지 파일이 생성되었으면 /home/LDS/ LDS2000/ramdisk/image 위치의 파일 구성이 그대로 저장되어 압축된 파일 형태로 램 디스크가 제작된 것이다.

나. 램 디스크 기반 커널 설정

커널 설정은 스크립트에 의한 메뉴 방식으로 진행된다. 커널 설정 스크립트는 원래부터 커널 소스에 포함된 파일이기 때문에 커널 소스가 있는 위치로 이동하도록 한다. 커널 소스가 위치한 디렉터리로 옮겨간 후 커널 설정 메뉴로 진입하기 위해 다음과 같이 스크립트를 실행하면, 그림과 같은 커널 설정 초기 메뉴가 나타난다.

```
#cd /home/LDS/LDS2000/kernel-2.4.18
#make menuconfig
```

위의 명령은 직접적으로 스크립트 파일을 실행한 것이 아니라 make 명령에 의해 Makefile 파일내용을 참조하여 관련 스크립트를 간접적으로 구동하고 있다. 커널 설정 과정은 초기 메뉴로부터 설정 항목을 선택하거나 취소하는 방법에 의해 진행된다. 메뉴 선택은 PC 키보드의 상,하 방향키에 의해 메뉴 선택 막대를 움직여서 원하는 메뉴상에 선택 막대를 위치시키고 이후에 하단에 보이는 Select/Exit를 좌,우 방향키로 선택하여 하위 메뉴로 진입하거나 빠져나가는 방식이다.

램 디스크를 루트 디바이스로 사용하기 위한 설정 항목은 초기 메뉴에서 Block Devices 메뉴의 하위 항목에 있다. 선택 막대를 움직여 Block Devices에 위치시키고 Select를 선택하여 하위 메뉴로 진입한다.

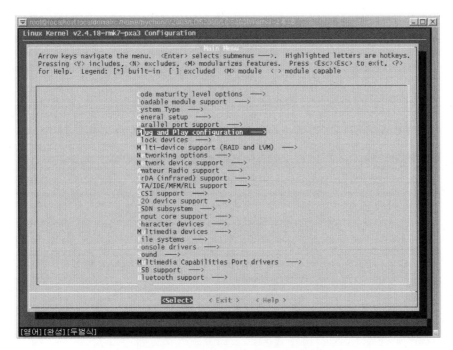

그림 4-5 커널 설정 초기 화면

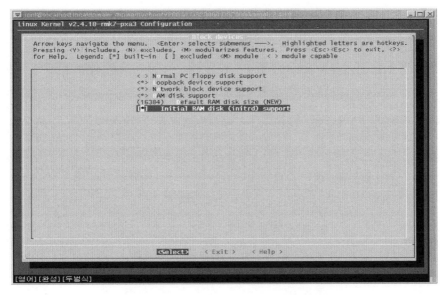

그림 4-6 Block Devices 하위 메뉴

하위메뉴로 진입하면 각 메뉴의 좌측에 있는 ⟨ ⟩ 체크 공란에 '*' 문자가 설정되어 있으면 이 메뉴와 관련된 기능을 사용하겠다는 표시이며 빈칸으로 비어 있으면 사용하지 않겠다는 의미 이다. 'M' 문자로 설정된 경우는 현재로선 해당 기능을 사용하지 않는다는 의미로 일단 커널 설 정에서 제외시키지만 나중에 이 기능을 사용자가 작성한 프로그램으로 대체하여 기능구현이 가능하도록 커널 내부의 연동코드만 포함시킨다.

해당 기능을 사용하지 않을 경우 빈칸으로 비어두는데, 커널의 연동코드가 포함되지 않기 때 문에 나중에 사용자 프로그램으로 작성하여 동작시켜 보려고 해도 커널에서 받아주지 못하게 되어 기능 구현이 안된다

'M' 문자로 설정된 경우는 커널과 연동할 수 있는 코드만 활성화시킨 상태이고 기능과 직접적 으로 관련된 코드는 외부의 사용자 프로그램으로 대체하고 싶을 때 설정해주는 경우이다. ⟨*⟩, ⟨ ⟩, ⟨M⟩ 이들간의 선택 및 전환 방법은 PC 키보드의 스페이스 바를 누르면 차례로 전환된다.

하위 메뉴에서 램 디스크 지원여부를 묻는 메뉴는 RAM disk support이다. PC의 스페이스 바 를 이용하여 '*'가 나타나도록 설정을 해준다. 그러면 하위 메뉴에 종속된 메뉴가 다시 나타나는 데 하나는 램 디스크 크기를 넣어주는 메뉴이고 다른 하나는 initrd 지원 여부를 묻는 메뉴이다.

램 디스크 크기는 커널이 지원 가능한 램 디스크의 최대 크기를 KB 단위로 입력해 주는 메뉴 이다. 램 디스크를 제작할 때 이 항목에 설정된 크기를 초과하지 않도록 램 디스크를 제작해야 한다는 점에 주의하도록 하며 반대로 범위를 초과하도록 램 디스크를 제작하면 부팅과정에서 오류를 발생하게 된다. 16384KB로 설정을 했다면 이전에 실습한 램 디스크 제작 스크립트의 첫번째 인자에 16384 값을 초과하지 않게 입력해 주어야 한다는 것을 알 수 있다. 두 번째가 바 로 램 디스크를 루트 디바이스로 사용하겠다고 설정을 해주는 메뉴이다. 활성상태로 설정하여 램 디스크를 루트 디바이스로 사용하도록 한다.

주의해야 할 점이 있다. 그림과 같이 설정하면 루트 디바이스를 램 디스크로 사용하겠다는 의 미인데 커널 설정 메뉴 가운데 NFS를 루트 디바이스로 사용하도록 설정해주는 메뉴가 있다. 만 약 루트 디바이스의 종류를 동시에 설정해주면 커널이 혼란을 초래하여 부팅 시에 오류를 발생 하게 되므로 램 디스크 설정을 해주는 동시에 NFS를 루트 디바이스로 사용하겠다는 기능을 반 드시 해제 시켜주어야 한다.

NFS 설정을 해제하기 위해서는 Exit를 선택하여 커널 설정을 위한 초기 메뉴로 빠져 나오도

록 한다. 초기 메뉴 가운데 Networking options를 선택하여 하위 메뉴로 진입한다. 메뉴 가운데 NFS 설정과 관련 있는 IP: kernel level autoconfiguration 메뉴를 해제 시켜주도록 한다.

성공적으로 해제되면 Exit를 선택하여 초기 메뉴로 빠져 나온 뒤 초기메뉴에서 다시 한번 Exit 를 선택하면 저장 여부를 묻는 메뉴가 나타난다. 변경된 설정 내용을 저장해야 하므로 Yes를 선택하여 저장하게 되면 최종적으로 램 디스크를 루트 디바이스로 사용하도록 커널 설정을 완료 하게 된다.

다. 램 디스크용 커널 이미지 제작(커널 컴파일)

make 명령과 Makefile에 의한 컴파일 과정은 Makefile의 내용에 의존적이므로 커널 소스의 Makefile을 열어서 내용을 분석하는 자체가 곧 컴파일 과정을 이해하는 지름길이다. Makefile 작성법에 대한 자료를 참조하여 파일 내용을 분석하는 것도 큰 의미가 있는데 Makefile의 위치 는 커널 소스가 위치한 최상위 디렉터리에 있다.

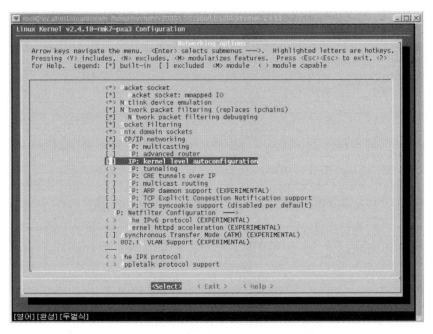

그림 4-7 Networking Options 하위 메뉴

Makefile을 확인하기 위해 다음과 같이 호스트 머신의 터미널 창에서 LDS2000의 커널 소스 디렉터리로 이동하여 vi 편집기로 Makefile을 열어 보도록 한다.

```
#cd /home/LDS/LDS2000/kernel-2.4.18
#vi Makefile
```

Makefile이 확인되면 다음 과정으로 make 명령에 의해 컴파일하여 커널 이미지를 제작하기 위해 다음 명령을 실행한다.

```
#make dep
   ------ dependency 체크 ------------
#make clean
   ------ 이전 컴파일시 생성된 임시 파일 삭제 ------------
#make zimage
   ------ 커널 컴파일 및 이미지 생성 ------------
```

앞 절에서 커널 컴파일의 마지막 명령은 make라고 기술하였다. 하지만 make 명령만을 수행하면 Makefile의 all 처리 블록을 수행하게 되는데 이 블록은 최종적으로 vmlinux라는 이름을 가진 ELF 형식의 커널 이미지 파일만 제작한다. 그런데 LDS2000에서 커널 이미지를 동작시키기 위해서는 vmlinux라는 ELF 형식의 파일을 바이너리(binary) 형태로 변환한 뒤 압축된 커널 이미지를 이용해야 한다. 따라서 압축된 커널 이미지를 생성하기 위해서는 "make zImage" 커맨드를 주어 컴파일을 진행해야 한다.

컴파일을 수행한 후에는 다음의 디렉터리로 이동하여 kernel.initrd란 이름을 갖는 압축된 커널 이미지가 있음을 확인 하도록 한다. kernel.initrd 파일이 확인되면 이 파일이 바로 램 디스크를 루트 디바이스로 사용하도록 설정된 커널 이미지 파일이며 동시에 LDS2000에서 운영될 리눅스 운영 체제인 셈이다.

```
#cd /home/LDS/LDS2000/kernel-2.4.18/arch/arm/boot
#ls -al
```

현재 Makefile은 생성된 kernel.initrd 파일을 /tftpboot 디렉토리에 자동으로 복사하게 설정되어 있다. 생성된 이미지 파일을 확인하기 위해서는 아래와 같이 /tftpboot 디렉토리로 이동해도 된다. 단 NFS용 커널 이미지도 동일한 이름으로 생성되기 때문에 램 디스크용 커널 이미지임을 나타내기 위해 파일 이름을 kernel.ram으로 변경한다.

```
#cd /tftpboot
#mv kernel.initrd kernel.ram
```

라. 부트 로더에서 시스템 변수 설정

부트 로더를 실행하기 전에 LDS2000의 출력 메시지를 보거나 또는 부트 로더 명령어 프롬프트에서 사용자가 특정 부트 로더 명령어를 입력하여 LDS2000으로 전달하기 위해서 minicom을 실행한다. 부트 로더를 실행은 LDS2000에 전원을 인가하거나 또는 전원이 인가된 상태에서 리셋 버튼을 눌러 리셋을 해주면 된다. 부트 로더가 성공적으로 실행되면 부트 로더의 프롬프트가 나타난다.

```
#minicom
 ----- minicom 실행 -----

[LDS2000]
```

부트 로더 프롬프트가 확인되면 부트 로더 프로그램이 정상적으로 실행되어 이미 LDS2000의 하드웨어 초기화가 완료되었고 최종적으로 사용자 명령을 기다리는 상태에 머무르고 있는 것이다. 이 프롬프트에서 사용자가 원하는 부트 로더 명령어를 입력해주면 그 명령어에 대응된 기능을 처리하게 된다.

시스템 변수 설정 가운데 호스트 머신과 LDS2000의 IP 주소를 설정하는 부트 로더 명령어를 실습해 보도록 한다. minicom 화면에 나타난 부트 로더 명령어 프롬프트에서 다음과 같이 시스템 변수를 출력하는 명령어를 입력하여 IP 주소와 관련된 시스템 변수의 설정 내용을 출력해 본다.

```
[LDS2000] printenv
```

출력된 메시지에서 등호(=) 기호를 중심으로 좌측은 시스템 변수의 이름이고 우측이 설정 값을 의미한다.

IP 주소와 관련된 시스템 변수는 host_ip와 target_ip이다. target_ip에는 LDS2000에 할당할 IP 주소를 입력해 주어야 하고, host_ip에는 호스트 머신에 할당된 IP 주소를 입력해 주어야 한다. 따라서, 다음과 같이 명령을 입력하여 자신의 네트워크 환경에 맞는 IP 주소 값으로 변경한다. 주의해야 할 것은 target_ip나 host_ip 다음에 '='가 들어가지 않는다는 것과 오타를 하더라도 변수로 인정해서 저장된다는 것이다. printenv를 통해 설정 값을 확인한다.

부트 로더는 새롭게 변경된 내용들을 일차적으로 LDS2000의 램에 저장하게 된다. 따라서, 전원이 꺼지면 변경된 내용이 모두 사라지므로 다음 전원 인가 시에도 변경된 내용이 계속 유효하도록 영구적으로 저장할 필요가 있다. 따라서 saveenv라는 명령어를 이용하여 변경된 내용을 플래시 메모리에 영구적으로 저장한다.

```
[LDS2000] setenv target_ip <LDS2000의 IP 주소>
[LDS2000] setenv host_ip <호스트 머신의 IP 주소>
[LDS2000] printenv //설정 값 확인
[LDS2000] saveenv //시스템 변수 값 저장
```

다음은 램 디스크를 위한 커널 인자를 설정해야 한다. 커널 인자는 bootargs라는 변수에 저장하고 있는데 루트 디바이스의 종류에 따라 램 디스크를 이용할 때와 NFS를 이용할 때 서로 다르

게 입력해 주어야 한다. 우선, 램 디스크를 이용하려면 다음과 같이 bootargs 변수를 설정해 주어야 한다.

```
[LDS2000] setenv bootargs root=/dev/ram
```

커널에게 전달되는 값은 'root=/dev/ram' 전체가 그대로 전달되는데 root의 의미는 루트 디바이스 종류를 대입하는 연산자이고 뒤의 /dev/ram은 램 디스크를 사용하기 위해 커널이 접근하는 제어용 장치 파일이다. 커널은 이 설정 값을 해석하여 루트 디바이스로써 램 디스크를 사용하고 그때 램 디스크를 접근하기 위한 장치 파일로 /dev/ram을 이용하라고 사용자로부터 지시받게 된다.

마. 이미지 다운로드 및 부팅

램 디스크 기반의 커널 부팅에서는 램 디스크 이미지와 커널 이미지를 다운로드 해야 한다. 다운로드할 이미지 파일들이 호스트 머신의 /tftpboot 디렉터리에 있는지 확인하고, 만약 디렉터리에 존재하지 않으면 램 디스크 파일과 커널 이미지 파일을 모두 /tftpboot 디렉터리로 복사하고 확인한다.

```
#cp /home/LDS/LDS2000/ramdisk/ramdisk.fs.gz  /tftpboot
#cp /home/LDS/LDS2000/kernel-2.4.18/arch/arm/boot/kernel. ram /tftpboot
#cd /tftpboot
#ls  -al
```

파일이 확인되면 minicom 화면에 나타난 부트 로더 명령어 프롬프트에서 다음과 같이 명령을 입력하여 각 이미지 파일을 다운로드 하도록 한다.

```
[LDS2000] tftp A0000000 kernel.ram
[LDS2000] tftp A1000000 ramdisk.fs.gz
```

0xA0000000과 0xA1000000은 LDS2000으로 다운로드되는 HEX 값의 주소 위치를 의미한다. 참고로 LDS2000의 램이 차지하는 주소 영역은 0xA0000000 - 0xA4000000이므로 이 위치는 램에 해당한다. 즉, 각 파일은 LDS2000의 램으로 다운로드되는 것이다

다음과 같이 부트 로더의 부팅 명령어를 입력하여 부팅을 실시한다.

```
[LDS2000] bootm A0000000 A1000000
```

boot 명령의 인자에서 앞의 숫자는 커널 이미지를 다운로드한 위치를 의미하며 뒤의 숫자는 램 디스크를 다운로드한 위치를 의미한다. 이전의 다운로드 과정에서 램의 다른 위치에 다운로드 하였다면 boot의 인자 값도 그에 맞도록 입력해 주어야 한다. 이 명령에 의해 부팅이 시작되면 그 과정에서 출력되는 메시지는 minicom 화면에서 확인할 수 있으며 정상적인 부팅이 완료되면 다음과 같은 리눅스 운영체제의 쉘 프롬프트가 나타난다. 쉘 프롬프트가 확인되면 LDS2000에서 램 디스크에 의해 동작하는 리눅스 운영체제를 부팅하는 모든 과정이 성공적으로 수행된 것이다.

```
sh-2.03#
```

바. 응용 프로그램 실행

PC에서 vi 편집기를 이용하여 간단한 C 프로그램을 작성한다. 다음과 같이 간단한 메시지를 출력하는 프로그램을 작성하고 hello_ram.c라는 파일 이름으로 저장한다.

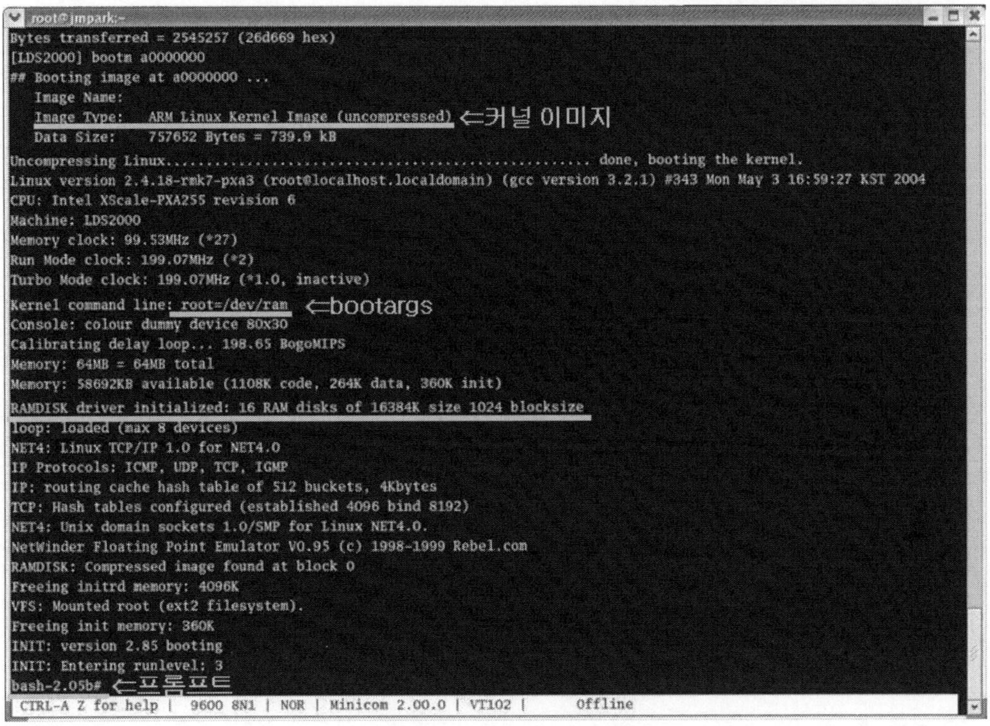

그림 4-8 램 디스크로 커널 부팅한 화면

```c
#include <stdio.h>
int main()
{
    printf("Hello! LDS2000 for RAM Disk!\n");
    return 0;
}
```

크로스 컴파일러을 이용하여 hello_ram.c를 컴파일하고 실행파일로 hello_ram를 생성한다.

```
#arm-linux-gcc -o hello_ram hello_ram.c
```

실행 파일이 생성되었으면 다음과 같이 hello를 램 디스크 파일자원이 위치한 디렉터리 가운데 bin 디렉터리 위치에 복사한다.

```
#cp hello_ram /home/LDS/LDS2000/ramdisk/image/bin
```

램 디스크 파일자원이 위치한 디렉터리를 기준으로 임의의 위치에 복사하여도 무방하나 실행 파일은 일반적으로 bin 디렉터리에 모아놓는다. 이후의 과정은 램 디스크를 다시 제작하고 새롭게 제작된 램 디스크를 이용하여 커널 부팅을 하는 것이다.

이전에 실습한 내용을 토대로 커널 부팅을 재시도한다. 커널 부팅이 완료되어 호스트 머신의 minicom 화면에 쉘 프롬프트가 나타나면 응용 프로그램이 삽입되었는지 확인하기 위해 다음과 같이 쉘 프롬프트에서 ls 명령에 의해 파일을 출력해 본다. hello라는 응용 프로그램이 확인되면 다음과 같이 응용 프로그램을 실행시켜보고 원하는 메시지가 출력됨을 확인한다.

```
sh2.03# cd /bin
sh2.03# ls -al
sh2.03# ./hello_ram
```

3 NFS 기반 커널 부팅

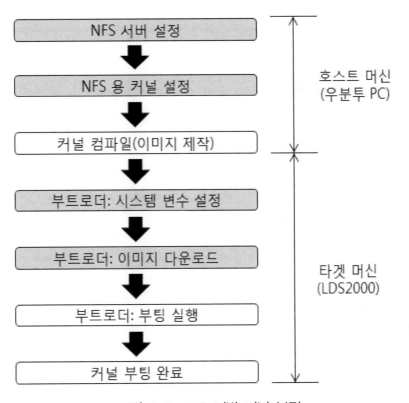

그림 4-9 NFS 기반 커널 부팅

램 디스크와는 달리 네트워크를 기반으로 동작하는 루트 디바이스인 NFS를 통해 커널을 부
팅하고 응용 프로그램을 실행하는 과정을 살펴보자. NFS 기반의 커널 부팅과정은 그림 4-1을
기반으로 하고 있으며, NFS 특성상 램 디스크와 다른 부분은 NFS 서버 설정, NFS 용 커널 설정,
부트로더의 시스템 변수 설정, 부트 로더의 커널 이미지 다운로드 부분이다(음영처리된 부분).

가. NFS 서버 설정

　　루트 디바이스를 제작하는 단계이다. 램 디스크와 마찬가지로 파일자원들이 NFS 통해 접근
할 수 있는 디렉토리에 저장되어 있어야 한다. 본 교재에서는 /home/LDS/LDS2000/NFS 디렉
토리에 파일 자원들을 저장하였다.

　　우분투에서 NFS 서버를 설정하기 위해서는 NFS 관련 파일들을 설치해야 한다. 시냅스 패키
지 매니저를 이용하여 설치하거나 apt-get 명령어를 이용하여 설치할 수 있다. 시냅스 패키지
매니저를 이용하는 것은 GUI 기반이므로 설치하기 위한 사용자 인터페이스가 편리하고 함께
설치되어야 하는 파일을 동시에 설치할 수 있다는 장점이 있다. apt-get을 이용하는 경우는 설
치과정이나 설치파일들에 대한 이해를 높일 수 있는 장점이 있다. 본 교재에서는 apt-get을 이
용한다. apt-get은 루트 권한으로 실행되어야 하기 때문에 sudo 명령어를 앞에 붙여서 실행해야
한다.

```
#sudo apt-get install nfs-kernel-server nfs-common portmap[1]
```

　　설치가 완료된 후에는 다른 시스템에 정보를 제공하기 위해 /etc/ exports의 내용을 수정해야
한다.

```
#sudo vi /etc/exports
  /home/LDS/LDS2000/NFS *(rw,no_root-squash,
                  no_all_squash, asynch, no_subtree_check)
```

　　/home/LDS/LDS2000/NFS는 NFS 클라이언트가 NFS 서버로 파일접근을 요청할 때 NFS 서버
측에 파일자원이 구성된 디렉터리를 가리킨다. LDS2000에서 NFS 요청을 하면 PC는 이 설정

---

1) portmap은 RPC 프로그램이름을 DARPA 프로토콜 포트 번호로 변경해주는 서버이다. RPC 서비스를 사
　 용하기 위해서는 반드시 실행되어야 한다.

파일에 명시된 /home/LDS/LDS2000/NFS 디렉터리 위치를 기준으로 파일자원을 제공한다는 뜻이기 때문에 램 디스크와 마찬가지로 LDS2000 입장에서는 이 디렉터리가 루트 디렉터리로 보이게 된다.

rw는 NFS 요청 파일에 대해 읽기, 쓰기를 모두 허용한다는 의미이고 그 뒤의 no_xxx_squash 는 사용자 ID 매핑과 관련이 있다. 매핑에 대한 자세한 정보는 관련 매뉴얼을 참조하도록 하며 여기에서는 설정 파일에 NFS 서비스를 제공하는 기준 디렉터리를 명시해 준다는 점을 이해하는 것이 중요하다.

NFS 서비스에 대한 기준 디렉터리는 임의의 디렉터리로 지정할 수 있지만 LDS2000 소프트웨어 CD를 설치하면 /home/LDS/LDS2000/NFS 디렉터리 위치에 기본적으로 필요한 파일을 미리 구성하여 제공하고 있으므로 편의상 이 위치를 이용하기로 한다.

/etc/exports를 수정한 뒤에 내용을 저장하고 vi 편집기를 빠져 나오도록 한다. 그런데 설정 파일을 변경함으로써 기존의 NFS 설정에 변화가 발생하였으므로 이를 반영하기 위해 다음과 같이 NFS와 관련된 프로세서를 재실행하여야 한다.

```
#sudo /etc/init.d/portmap restart
#sudo /etc/init.d/nfs-kernel-server restart
#sudo /etc/init.d/portmap restart
```

나. NFS 용 커널 설정

램 디스크 때와 마찬가지로 NFS 용으로 커널을 설정하기 위해서 커널 소스가 위치한 디렉터리로 옮겨간 후 커널 설정 메뉴로 진입하기 위해 다음과 같이 스크립트를 실행하면, 커널 설정 초기 메뉴가 나타난다.

```
#cd /home/LDS/LDS2000/kernel-2.4.18
#make menuconfig
```

커널 설정 초기 메뉴로 진입하면 먼저 Network options 메뉴를 선택한다. 램 디스크 설정에서 해제했던 IP : kernel level autoconfiguration 항목을 설정으로 변경한다. 그러면 하위 메뉴가 나타나는데, 하위 메뉴중 BOOTP support 메뉴를 설정하도록 한다.

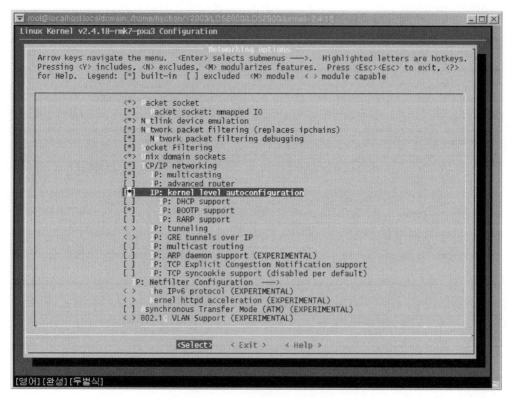

그림 4-10 Network option 설정

BOOTP support는 커널 코드에서 NFS와 직접적으로 관련이 있기 보다는 부분적으로 관련이 있다. 이 메뉴를 먼저 활성화 시켜 주어야만 NFS 설정 메뉴가 나타나는 반면 반대로 이 메뉴를 선택해주지 않으면 NFS와 관련된 메뉴가 전혀 보이지 않게 된다.

커널 설정에서 서로 관계 있는 기능들은 일부 코드를 공유하게 되므로 제일 우선적으로 설정해 주어야 하는 기능을 먼저 선택해야만 그와 관련된 기능을 더 세부적으로 선택할 수 있다. 예를 들어, 램 디스크 설정에서 RAM disk support를 선택하지 않으면 하위 메뉴가 보이지 않게 되며, 만약 보인다고 하더라도 램 디스크 지원여부를 설정하지 않았으므로 램 디스크 자체를 아예 커널이 지원하지 않게 되어 설정을 해주어도 의미가 없다.

그림 4-10과 같이 설정한 후 Exit에 의해 다시 초기 메뉴로 복귀한 뒤 초기 메뉴에서 File Systems를 선택한 후 아래 부분의 Network File Systems란 하위 메뉴로 진입하도록 한다.

'File Systems 선택 → Network File Systems 선택 → NFS file system support 설정'으로 진행하면 NFS file system support의 세부 항목을 설정하는 화면이 나타난다. NFS를 루트 디바이스로 사용하기 위해 Root file system on NFS 항목을 설정한다.

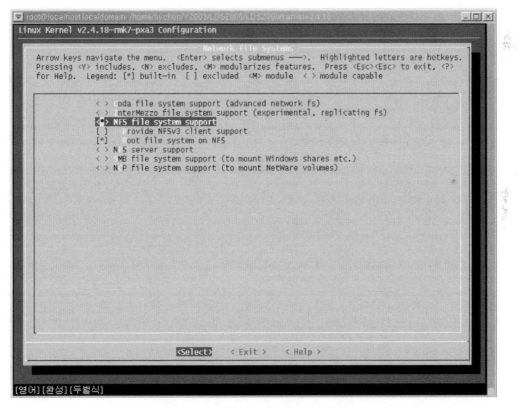

그림 4-11 NFS 파일 시스템 설정

위와 같은 과정을 통해 NFS를 루트 디바이스로 사용하도록 커널 설정을 하였지만, 램 디스크의 경우와 마찬가지로 NFS를 루트 디바이스로 사용하게 되므로 램 디스크를 루트 디바이스로 사용하도록 설정된 내용을 확인하여 만약 설정되어 있으면 해제 시켜 주어야 한다.

Exit를 반복 선택하여 초기 메뉴로 복귀하고 초기 메뉴에서 램 디스크와 관련 있는 Block Devices 메뉴를 선택하여 진입하면 램 디스크를 루트 디바이스로 설정하는 화면이 나타난다. 하위 메뉴중 RAM disk support가 설정되어 있으면 해제 시켜 주도록 한다.

램 디스크 설정이 해제되면 Exit에 의해 초기 메뉴로 복귀하고 초기 메뉴에서 다시 Exit를 선택하면 저장을 묻는 메시지가 나타나는데 Yes를 선택하여 설정을 저장하고 사용자 터미널로 빠져 나온다.

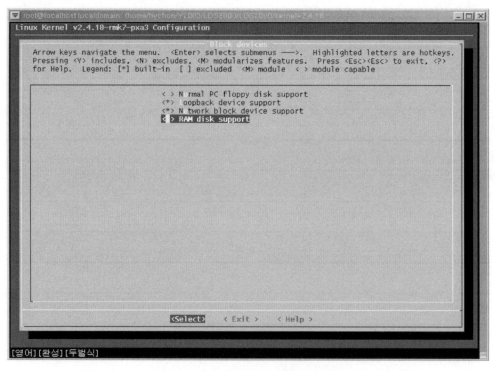

그림 4-12 램 디스크 설정 해제

다. NFS용 커널 이미지 제작(커널 컴파일)

NFS용 커널 이미지를 제작하기 위해서 호스트 머신의 터미널 창에서 LDS2000의 커널 소스 디렉터리로 이동한다.

```
#cd /home/LDS/LDS2000/kernel-2.4.18
```

커널을 컴파일 하여 커널 이미지를 제작하기 위해 다음 명령을 실행한다.

```
#make dep
   ------ dependency 체크 ------------
#make clean
   ------ 이전 컴파일시 생성된 임시 파일 삭제 ------------
#make zimage
   ------ 커널 컴파일 및 이미지 생성 ------------
```

컴파일을 수행한 후에는 다음의 디렉터리로 이동하여 kernel.initrd란 이름을 갖는 압축된 커널 이미지가 있음을 확인 하도록 한다. kernel.initrd 파일이 확인되면 이 파일이 바로 NFS를 루트 디바이스로 사용하도록 설정된 커널 이미지 파일이며 동시에 LDS2000에서 운영될 리눅스 운영 체제인 셈이다.

```
#cd /home/LDS/LDS2000/kernel-2.4.18/arch/arm/boot
#ls -al
```

현재 Makefile은 생성된 kernel.initrd 파일을 /tftpboot 디렉터리에 자동으로 복사하게 설정되어 있다. 생성된 이미지 파일을 확인하기 위해서는 아래와 같이 /tftpboot 디렉터리로 이동해도 된다. 단 램 디스크용 커널 이미지도 동일한 이름으로 생성되기 때문에 NFS용 커널 이미지임을 나타내기 위해 파일 이름을 kernel.nfs로 변경한다.

```
#cd /tftpboot
#mv kernel.initrd kernel.nfs
```

라. 부트 로더에서 시스템 변수 설정

부트 로더를 실행하기 전에 LDS2000의 출력 메시지를 보거나 또는 부트 로더 명령어 프롬프트에서 사용자가 특정 부트 로더 명령어를 입력하여 LDS2000으로 전달하기 위해서 minicom을 실행한다. 부트 로더를 실행은 LDS2000에 전원을 인가하거나 또는 전원이 인가된 상태에서 리셋 버튼을 눌러 리셋을 해주면 된다. 부트 로더가 성공적으로 실행되면 부트 로더의 프롬프트가 나타난다.

```
#minicom
  ----- minicom 실행 -----

[LDS2000]
```

램 디스크때와 마찬가지로 설정된 시스템 변수를 확인하고, 시스템 변수 가운데 호스트 머신과 LDS2000의 IP 주소를 설정한다.

```
[LDS2000] printenv
[LDS2000] setenv target_ip <LDS2000의 IP 주소>
[LDS2000] setenv host_ip <호스트 머신의 IP 주소>
[LDS2000] printenv //설정 값 확인
[LDS2000] saveenv //시스템 변수 값 저장
```

다음은 NFS를 위한 커널 인자를 설정해야 한다. 커널 인자는 bootargs라는 변수에 저장하고 있으며, NFS를 사용하기 위해서는 다음과 같이 bootargs 변수를 설정해 주어야 한다.

```
[LDS2000]  setenv  bootargs  root=/dev/nfs  rw  nfsroot=호스트  머신의  IP  주소:
/home/LDS/LDS2000/NFS nfsaddrs=LDS2000의 IP 주소:호스트 머신의 IP 주소
```

커널은 NFS를 루트 디바이스로 사용한다는 것을 알게 되는 동시에 NFS 서버 위치는 호스트 머신의 IP 주소에 의해 접근하게 된다. 호스트 머신에 위치한 NFS 파일 자원은 /home/LDS/LDS2000/NFS 디렉터리를 기준으로 이용하게 된다. 이는 NFS 서버 설정을 할 때 /etc/exports 파일에 설정한 내용과 같은 디렉터리이다.

마. 이미지 다운로드 및 부팅

NFS 기반의 커널 부팅에서는 커널 이미지를 다운로드 해야 한다. 다운로드할 이미지 파일이 호스트 머신의 /tftpboot 디렉터리에 있는지 확인하고, 만약 디렉터리에 존재하지 않으면 커널 이미지 파일을 모두 /tftpboot 디렉터리로 복사하고 확인한다.

```
#cp /home/LDS/LDS2000/kernel-2.4.18/arch/arm/boot/kernel. nfs /tftpboot
#cd /tftpboot
#ls -al
```

파일이 확인되면 minicom 화면에 나타난 부트 로더 명령어 프롬프트에서 다음과 같이 명령을 입력하여 커널 이미지 파일을 다운로드 하도록 한다.

```
[LDS2000] tftp A0000000 kernel.ram
```

다운로드가 완료되면, 부트 로더의 부팅 명령어를 입력하여 부팅을 실시한다.

[LDS2000] bootm A0000000

---

boot 명령의 인자에서 앞의 숫자는 커널 이미지를 다운로드한 위치를 의미한다. 이전의 다운로드 과정에서 램의 다른 위치에 다운로드 하였다면 boot의 인자 값도 그에 맞도록 입력해 주어야 한다. 이 명령에 의해 부팅이 시작되면 그 과정에서 출력되는 메시지는 minicom 화면에서 확인할 수 있으며 정상적인 부팅이 완료되면 다음과 같은 리눅스 운영체제의 쉘 프롬프트가 나타난다. 쉘 프롬프트가 확인되면 LDS2000에서 NFS에 의해 동작하는 리눅스 운영체제를 부팅하는 모든 과정이 성공적으로 수행된 것이다.

그림 4-13 NFS로 커널 부팅한 화면

---

sh-2.03#

바. 응용 프로그램 실행

PC에서 vi 편집기를 이용하여 간단한 C 프로그램을 작성한다. 다음과 같이 간단한 메시지를 출력하는 프로그램을 작성하고 hello_nfs.c라는 파일 이름으로 저장한다. NFS를 이용하는 경우에는 호스트 머신의 하드 디스크를 사용하기 때문에 메모리의 제한을 받지 않는다. 따라서 NFS 기반으로 응용 프로그램을 작성할 때는 NFS의 파일 자원 저장 디렉터리 안에서 작성하여 실행하는 것이 편리하다.

```
#include <stdio.h>
int main()
{
    printf("Hello! LDS2000 for NFS!\n");
    return 0;
}
```

크로스 컴파일러을 이용하여 hello_nfs.c를 컴파일하고 실행파일로 hello_nfs를 생성한다.

```
#arm-linux-gcc  -o hello_nfs hello_nfs.c
```

실행 파일이 생성되었으면 다음과 같이 hello를 NFS 파일자원이 위치한 디렉터리 가운데 bin 디렉터리 위치에 복사한다.

```
#cp hello_nfs /home/LDS/LDS2000/NFS/bin
```

minicom 화면에서 응용 프로그램이 삽입되었는지 확인하기 위해 다음과 같이 쉘 프롬프트에서 ls 명령에 의해 파일을 출력해 본다. hello_nfs라는 응용 프로그램이 확인되면 다음과 같이 응용 프로그램을 실행시켜보고 원하는 메시지가 출력됨을 확인한다.

```
sh2.03# cd /bin
sh2.03# ls -al
sh2.03# ./hello_nfs
```

제 **5**장
LED 제어 프로그래밍

1 LED 제어

가. 장치 제어

임베디드 시스템은 커다란 시스템에서 시스템을 구성하고 있는 다양한 장치를 제어하는 시스템이다. 이러한 임베디드 시스템의 특성으로 인해 수많은 응용분야에서 물리적인 장치를 제어하는 기능을 임베디드 시스템이 담당한다. 하드웨어가 개발되면 하드웨어에서 운영되는 임베디드 리눅스를 개발해야 한다. 예를 들어, 주변 온도를 측정하여 한계점을 넘어서면 경고음을 울리는 임베디드 시스템이 있다고 가정할 때 대략적인 응용 과정은 우선, 시스템에 부착된 온도센서 장치를 제어하여 온도를 읽어오고 그 값을 한계점과 비교하는 소프트웨어 처리를 하여 만약 한계점을 넘었다고 판단되면 다시 경고음을 울리는 장치를 제어하여 경고음을 울리는 과정으로 진행될 것이다. 이와 같이 간단한 장치로부터 복잡하고 거대한 장치에 이르기까지 장치 제어에 대한 응용분야는 임베디드 시스템에서 필수적인 분야라고 할 수 있다.

장치 제어란 물리적인 주변장치와 입, 출력을 하여 장치를 효율적으로 제어하고 관리함으로써 궁극적으로 사용자가 원하는 방향대로 장치를 이용하기 위한 과정이다. 장치 제어는 두가지 방법에 의해서 수행된다. 첫째는 응용 프로그램을 작성하여 제어 하는 방법이고, 두 번째는 디바이스 드라이버를 이용하여 제어 하는 방법이다. 디바이스 드라이버는 장치 제어를 목적으로 제공되는 일종의 전용 프로그램으로서 제어기능을 보다 구체적으로 표현할 수 있다. 반면 응용 프로그램은 범용적인 목적을 지닌 프로그램이므로 장치 제어를 위한 프로그램이라는 의미보다

오히려 장치 제어가 가능하도록 응용 프로그램 코드를 작성하였다는 의미가 강하다. 따라서, 장치 제어 만큼은 응용 프로그램보다는 디바이스 드라이버에 의해 제어하는 방법이 보다 정석이라고 말할 수 있다.

디바이스 드라이버를 제작하기 이전에 장치제어의 흐름을 이해하고 프로그램에 의해 제어하는 방법을 이해하기 위해 응용 프로그램에 의해 제어하는 방법을 이용한다.

그림 5-1 LDS2000의 LED 위치

나. LED 제어 흐름

본 장에서 제어하려는 LED는 LDS2000 프로세서 보드에 있는 8개의 LED이다.

LED는 ON 상태와 OFF 상태를 표시한다. LED 제어는 사용자가 원하는 LED를 ON 상태나 OFF 상태로 전환하는 동작이다. LED를 제어하기 위해서는 프로세서와 LED간의 데이터의 흐름을 이해하고, 흐름에 따라 프로그램을 작성해야 한다.

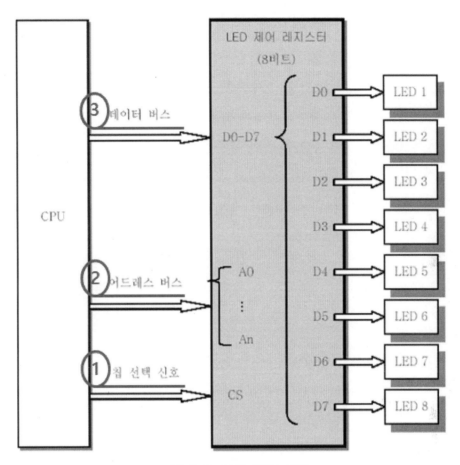

그림 5-2 LED 제어 흐름

LED는 LED 입력부에 논리 0을 인가해주면 꺼지게 되고 논리 1을 인가해주면 켜지게 되는 간단한 출력 장치이다. LED 제어를 위한 논리 데이터 값을 저장하기 위해 각 LED와 매핑되는 제어 레지스터가 필요하다. 즉 LED를 제어하기 위해서 프로그래머는 LED 제어를 위한 데이터를 제어 레지스터에 쓰므로써, LED를 원하는 상태로 제어할 수 있다. 따라서 LED 제어 레지스터에 접근하여 원하는 데이터를 쓰도록 응용 프로그램을 작성하게 되면 그 데이터가 곧바로 LED의 점등에 영향을 미치게 되므로 이 과정이 곧 사용자 요구대로 LED를 제어하는 것이다.

LED 제어 레지스터는 레지스터 칩에 있는 레지스터 중 일부분을 사용한다.

LED 제어 레지스터에 입력되는 신호는 칩 선택(CS, chip Select) 신호, 주소 정보를 나타내는 어드레스 버스(A0-AN), 데이터를 나타내는 데이터 버스(D0-D7)이다. 8비트 제어 데이터는 D0-D7에 의해 CPU에서 LED 제어 레지스터로 전달되며 나머지 CS와 A0-AN은 LED 제어 레지스터를 선택하기 위한 신호들이다. CS는 CPU인 PXA255 내부에서 만들어주는 신호이기 때문에 PXA255 내부 구조와 관련이 있으며 A0-AN은 어드레스 신호이기 때문에 응용 프로그램의 포인터 변수에 대입한 주소에 따라 달라지게 된다.

LED를 제어하는 물리적 제어 흐름은 1) LED 제어 레지스터가 있는 칩 선택 신호 발생, 2) 칩 내부에서 LED 제어 레지스터를 선택하기 위한 어드레스 신호 발생, 3) LED를 제어하기 위한 데이터 신호 발생 순서로 동작한다.

표 5-1 CS 신호 할당 정보

주 소	CS 종류	할당된 장치
0x0000 0000 - 0x3FFF FFFF	CS0	Flash Memory
0x0400 0000 - 0x07FF FFFF	CS1	Ethernet Controller
0x0800 0000 - 0x0BFF FFFF	CS2	Ext-IO(LED, KEYPAD)
0x0C00 0000 - 0x0FFF FFFF	CS3	GPIO
0x1000 0000 - 0x13FF FFFF	CS4	사용되지 않음
0x1400 0000 - 0x17FF FFFF	CS5	사용되지 않음

CS는 특정 어드레스의 영역을 접근하기 위해 CPU에 의해 자동으로 발생되는 신호로 PXA255 CPU 내부에는 CS0부터 CS5 까지 6개의 Chip Set 신호를 갖는다. 각 CS신호는 CS 신호에 할당되어 있는 주소 공간과 장치를 갖는다. 주소 공간의 할당과 장치는 하드웨어를 설계하는 방식에 따라 다를 수 있다.

표 5-2 PXA255의 MSC 레지스터

레지스터	Address	비트	레지스터 역할
MSC0	0x4800 0008	하위16비트	CS0 주소 공간의 사용을 위한 신호 정보 설정
		상위16비트	CS1 주소 공간의 사용을 위한 신호 정보 설정
MSC1	0x4800 000C	하위16비트	CS2 주소 공간의 사용을 위한 신호 정보 설정
		상위16비트	CS3 주소 공간의 사용을 위한 신호 정보 설정
MSC2	0x4800 0010	하위16비트	CS4 주소 공간의 사용을 위한 신호 정보 설정
		상위16비트	CS5 주소 공간의 사용을 위한 신호 정보 설정

각 CS 신호의 발생은 PXA255 내부에 위치한 MSC(Static Memory Control Register)의 설정된 정보에 따라 PXA255에 의해 자동적으로 발생된다. PXA255에서는 3개의 메모리 컨트롤러 레지스터(MSC)를 갖는다.

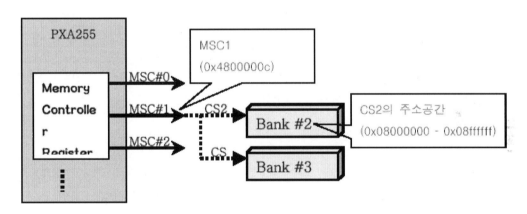

그림 5-3 MSC 레지스터 설정에 의한 CS 신호 발생

LED를 제어 하기 위한 레지스터의 위치는 0x8000008 번지이다. 제어 레지스터에 접근하기 위해 발생되는 신호는 CS2이다. 그림 5-3은 CS2신호 발생을 위한 과정을 간략히 보이고 있다.

LED 제어 레지스터로의 접근을 위해서는 CS2의 신호 발생이 정보는 그림 5-3에서도 볼 수 있듯이 MSC2 레지스터 하위 16비트에 설정 정보를 담고 있다. 이 레지스터의 설정에 관한 자세한 내용은 약간 복잡하고 응용 프로그램의 제어과정의 내용에서 벗어나 있으므로 다음 표에 제시된 값으로 설정해 주면 된다.

표 5-3 MSC1 레지스터 설정 값

레지스터	주소	설정값
MSC1	0x4800000C	0x00005AA8

MSC1 레지스터가 설정되어 CS2 신호에 의한 주소 영역을 접근할 수 있게 되면 어드레스 버스(A0-AN)의 조합에 따라 특정 레지스터로 접근 할 수 있다. LDS200에서 제공하는 LED, KEYPAD 제어 레지스터의 주소는 다음과 같다. 각 제어 레지스터는 0x8000000을 Base Address로 하고 옵셋만큼 떨어진 곳의 주소를 사용한다. 예를 들어, LED 제어 레지스터는 옵셋이 8이고, KEYPAD INPUT 레지스터는 10(A)이다.

표 5-4 제어 레지스터 주소

제어 레지스터	Address
LED Control Register	0x08000008
KEYPAD INPUT Register	0x0800000A
KEYPAD OUTPUT Register	0x0800000C

2 장치 제어 프로그래밍 기법

가. 레지스터 읽기/쓰기

LED를 제어하기 위해서는 LED 제어 레지스터에 제어 데이터를 쓰면 된다. 이를 프로그램으로 구현하려면 포인터 변수에 제어 레지스터에 할당된 주소를 대입하고, 포인터 변수를 이용하여 데이터를 읽거나 쓴다.

C 언어를 이용하여 메모리(레지스터)에서 데이터를 읽거나 메모리에 데이터를 쓰는 함수는 다음과 같다.

```
void data_read( )
{
    char *ptr;
    char read_value;

    ptr = (char *)0x12345678;
    read_value = *ptr;

    printf( "Read value  = %d\n", read_value);
}

void data_write( )
{
    char *ptr;

    ptr = (char *)0x12345678;
    *ptr = 0x02;

    printf( "Write 0x02 to address 0x12345678\n" );
}
```

포인터 변수 ptr을 선언하고 메모리 주소인 0x12345678 주소를 대입한다. 메모리로부터 데이터를 읽을 때는 ptr이 가리키는 주소에 저장된 값을 다른 변수로 가져오면 된다(data_read() 함수에서 read_value=*ptr). 반면 메모리에 데이터를 쓰기 위해서는 ptr이 가리키는 주소에 데이터를 대입하면 된다(data_write()함수에서 *ptr=0x02).

LED를 제어하는 응용 프로그램도 data_write() 함수와 마찬가지로 LED 제어 레지스터에 할당된 주소를 포인터 변수로 접근하여 원하는 데이터를 쓰도록 작성하면 된다. LED 제어 레지스터로 접근하기 위해서 CS2 신호에 따른 사용 가능한 주소 공간 영역의 시작 주소, Base Address인 0x8000000에서 8바이트 만큼 떨어진 주소 값 0x08000008 번지를 사용한다. 포인터를 사용하여 0x08000008 번지를 얻어와 그 번지에 데이터를 쓰면 된다. 이때 포인터 변수에 입력한 데이터 값에 따라 논리 1로 설정된 비트 위치에 있는 LED만 켜지게 되므로 for문에 의해 순차적으로 LED가 켜지게 된다.

```
void LED_control()
{
    char *ptr; int I;

    ptr = (char *)0x08000008;

    for (i=0; i<8; i++) {
        *ptr = (0x01 << i);        /* 순차적으로 LED 켜기 */
        sleep(1);                  /* LED 점등 지연 시간 - 1초 */
    }
}
```

나. 가상 주소 프로그래밍

운영체제는 시스템 자원을 보호하기 위하여 일반 사용자가 시스템 영역에 접근하는 것을 차단한다. 운영체제는 메모리 영역을 시스템 영역과 사용자 영역으로 구분하고, 일반 사용자가 시스템 영역을 접근하면 이를 차단하고 오류 메시지를 전송한다.

앞에서 기술한 MSC1의 주소 0x4800000C와 LED 제어 레지스터의 주소 0x08000008은 시스템 영역에 해당하는 물리적인 주소이다. 따라서 사용자의 응용 프로그램에서 이 주소들로 직접 접근을 하게 되면 운영체제는 이를 차단하게 되며, 프로그램은 정상적으로 동작하지 않는다.

응용 프로그램에서 시스템 영역의 물리적인 주소를 사용할 수 있게 하는 방법이 가상 주소를 이용하는 것이다. 가상 주소는 물리적인 주소에 매핑되는 주소이다. 커널 입장에서는 물리적인 주소로 접근하는 것을 차단하고 가상 주소에 의해 동작하길 요구하고 있는데, 이는 메모리와 같은 한정된 자원을 가상 주소란 논리적인 주소를 사용하여 보다 효율적으로 관리하는 동시에 커널과 응용 프로그램을 분리시켜 서로간의 동작에 영향을 미치지 않도록 하기 위함이다. 즉, 가상 주소의 도입에 의해 응용 프로그램이 동작하는 사용자 영역과 커널이 동작하는 커널영역의 구분이 가능해지며 이들간에는 서로 배타적으로 구분되고 있다.

가상 주소를 이용한 프로그래밍 절차는 다음과 같다.

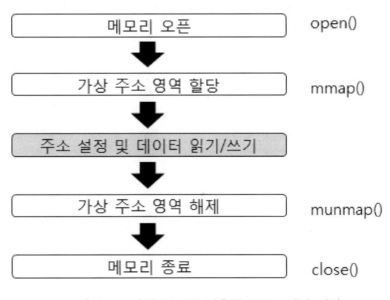

그림 5-4 가상 주소를 이용한 프로그래밍 절차

1) 메모리 오픈

가상 주소를 사용하기 전에 가상 주소로 사용할 메모리에 대한 지시자를 획득해야 한다. 이와 같은 동작은 open()함수를 이용해서 수행된다. open()함수의 사용예는 다음과 같다.

```
if ((LED_fd = open("/dev/mem", O_RDWR|O_SYNC)) < 0){
        perror(" Fail:  File Descriptor isn't Opend \n");
        exit(2);
 }
```

LED_fd는 open() 함수를 호출한 응용 프로그램서 가상 주소 할당 함수가 사용 가능하도록 커널이 부여해준 일종의 색인 포인터이다. 커널은 LED_fd를 참조하여 가상 주소 할당 함수를 호출한 응용 프로그램에게 가상 주소를 전달해 준다.

open() 함수의 인자에서 /dev/mem은 가상 주소 할당과 관련이 있는 장치이며, O_RDWR는 읽기, 쓰기의 허용의 범위로써 읽기, 쓰기를 모두 허용하는 인자이다. O_SYNC는 파일의 입/출력의 동기화로 LED 레지스터에 값이 쓰여져 물리적인 I/O가 완료될 때까지 기다려 파일 버퍼와 물리적 디스크 간의 동기를 맞추기 위함이다.

2) 가상 주소 영역 할당

응용 프로그램에서 물리적인 주소에 해당하는 가상 주소를 획득하는 함수가 mmap() 함수이다. mmap() 함수는 물리 주소를 인자로 하여 그 주소에 대응된 가상 주소를 커널이 반환해준다. 예를 들어, LED 제어 레지스터에 접근하기 위해서는 물리적 주소인 0x08000000을 인자로 하여 mmap() 함수를 호출하면 그에 대응된 가상 주소를 반환하게 된다. 반환된 주소는 할당 할 수 있는 가상 주소 영역의 시작 주소이다. 이 가상 주소를 기준으로 오프셋을 변경하며 다른 위치로도 접근이 가능하다. 즉 물리적 주소인 0x0800000에 해당하는 가상 주소를 mmap() 함수를 통해 획득하고, 이 주소에 8을 더하면 LED 제어 레지스터의 물리적인 주소인 0x08000008에 대응하는 가상 주소를 얻을 수 있다.

mmap() 함수에 대한 사용 예는 다음과 같다.

```
mmap_addr = mmap (NULL,1024 , PROT_READ|PROT_WRITE,
            MAP_SHARED, LED_fd , 0x8000000);
```

첫 번째 인자인 'NULL'은 가상 주소의 시작위치를 의미하며 통상 NULL 또는 0의 값으로 대입한다. 0의 값이 아니라면 아래의 MAP_SHARED 인자가 MAP_FIXED일 경우 이 인자가 가리키는 위치가 시작 위치가 되도록 커널에게 강제적으로 요청할 경우에 쓰인다. 시작 위치는 커널이 선택하는 것이 안전하므로 NULL로 대입하였다. 1024는 가상 주소를 사용할 주소공간의 크기이며, 바이트 단위로 설정한다.

'PROT_READ|PROT_WRITE'는 가상 주소 공간의 허용 권한을 나타낸다. PROT_READ는 읽기가 허용된 영역으로 설정하며, PROT_WRITE는 쓰기가 허용된 영역을 설정한다. PROT_EXEC는 실행 가능한 영역으로 설정하며, PROT_NONE은 접근 금지 영역으로 설정한다. 두 가지 이상의 권한을 부여할 경우에는 각각을 OR 시켜서 중복시킬 수 있다. 위 예제에서는 PROT_READ와 PROT_WRITE가 중복되어 있기 때문에 읽고 쓰는 권한이 모두 설정되었다.

'MAP_SHARED'는 가상 주소 공간의 공유 권한을 나타내는데, 가상 주소를 설정한 공간을 다른 응용 프로그램도 사용이 가능하도록 설정하는 값이다. 이 인자가 'MAP_FIXED'로 설정되면 특정한 가상 주소 위치로 고정하도록 설정하는 것이며, 'MAP_PRIVATE'로 설정되면 가상 주소를 설정한 응용 프로그램 자신만 사용이 가능하도록 설정하는 것이다.

'LED_fd'는 mmap()을 사용하기 위해 커널이 부여해준 색인 포인터로써 open() 함수에서 얻어온 값이다.

'0x0800000'은 가상 주소와 대응되는 물리적 주소의 시작 위치를 가리킨다.

mmap() 호출 후에 반환되는 mmap_addr은 물리적 주소인 0x8000000에 대응된 가상 주소를 갖는 변수이다.

3) 주소 설정 및 데이터 읽기/쓰기

mmap()함수를 이용해서 가상 주소를 얻었기 때문에 이후의 포인터 변수 연산은 물리적 주소로 했을 때와 동일하다. 가상 주소 공간인 1KB내에서 다른 위치는 mmap_addr을 기준으로 오프셋을 변경하여 특정 레지스터로의 접근이 가능하며, 이 주소를 이용하여 레지스터에 특정 데이터를 읽고 쓸 수 있다.

```
/* LED 제어 레지스터 주소 설정 */
LEDReg = (unsigned char *)(mmap_addr + 8);

/* 순차적으로 LED 점등 */
for(i=0;i<8;i++){
    LEDReg = 0x01 << i ;
    printf(" LED ON = %d \n", i);
    sleep(1);
}
```

4) 가상 주소 영역 해제

가상 주소의 사용이 종료되면 다른 프로그램들이 가상 주소를 사용할 수 있도록 설정된 영역을 해제해 주어야 한다. 이는 munmap() 함수를 이용하는데, 첫 번째 인자로 mmap()함수의 반환값을 갖고 있는 변수를 사용하며, 두 번째 인자로 할당된 가상 주소 공간의 크기 값을 입력한다.

```
munmap(mmpa_addr, 1024);
```

5) 메모리 종료

가상 주소 영역이 해제되었으면 가상 주소를 획득하기 위해 사용했던 지시자도 종료해 주어야 한다. 이는 close()함수를 사용하며, 인자로 open()함수의 반환값을 갖고 있는 변수를 입력한다.

```
close(LED_fd);
```

3 LED 제어 프로그램

LED를 제어하기 위한 프로그램의 흐름도는 다음 그림과 같다.

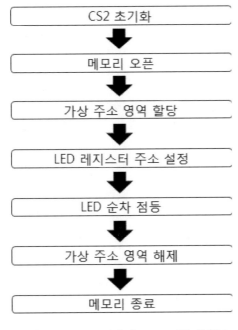

그림 5-5   LED 제어 프로그램 흐름도

CS2 초기화는 CS2 신호를 발생시키는 과정이며, 이를 수행하기 위한 init_CS2()라는 함수를 작성해야 한다.

LED 제어 프로그램의 전체 소스는 다음과 같다.

```
/* 파일이름 : led_control.c */
#include <stdlib.h>
#include <unistd.h>
#include <sys/mman.h>
#include <asm/fcntl.h>
```

```
int init_CS2();
void user_wait(unsigned int delay_factor);

int main()
{
    int i, LED_fd;
    unsigned char *mmap_addr_LED;
    unsigned char *LEDReg;

    printf("\n----- LED Demo Program ------\n");

    if ((LED_fd = open("/dev/mem", O_RDWR|O_SYNC)) < 0){
        perror(" Fail:  File Descriptor isn't Opend \n");
        return -1;
    }

    mmap_addr_LED =
        mmap(NULL,1024,(PROT_READ|PROT_WRITE),
        MAP_SHARED, LED_fd, 0x08000000);

    if (mmap_addr_LED < 0) {
        mmap_addr_LED = NULL;
        printf(" Fail: Memory mapping error\n");
        return -1;
    }

    LEDReg = (unsigned char *)(mmap_addr_LED + 8);

    for(i=0;i<8;i++){
      *LEDReg = 0x01 << i ;
      printf(" LED ON = %d \n", i);
      sleep(1);
    }
    printf("---------- Exit  -----------\n");

    munmap(mmap_addr_LED, 1024);
    close(LED_fd);
```

```
        return 0;
}

int init_CS2()
{
    int CS_fd;
    unsigned long *mem_addr_cs, *MSC1Reg;

    if ((CS_fd = open("/dev/mem", O_RDWR|O_SYNC)) < 0) {
        perror("mem open fail\n");
        return -1;
    }

    mem_addr_cs = mmap(NULL, 1024, (PROT_READ |
        PROT_WRITE), MAP_SHARED, CS_fd, 0x48000000);

    if ((int)mem_addr_cs < 0) {
        mem_addr_cs = NULL;
        printf("[CS2] mmap error\n");
        return -1;
    }

    MSC1Reg  = (unsigned long *)(mem_addr_cs + 3);
    *MSC1Reg = 0x5AA85AA8;

    munmap(mem_addr_cs, 1024);
    close(CS_fd);

    return 0;
}

void user_wait(unsigned int delay_factor)
{
        unsigned int i;

        for (i=0; i<delay_factor; i++) ;
}
```

4 LED 제어 프로그램 실행

LED 제어 프로그램을 LDS2000에서 실행시켜보다. 앞장에서 기술한 것처럼 루트 디바이스로 램 디스크와 NFS를 사용할 수 있다. 응용 프로그램을 작성하고 실행하는 관점에서 NFS가 더 편리하기 때문에 NFS를 기반으로 LED 제어 프로그램을 실행한다. 따라서 LED 제어 프로그램을 실행하기 전에 NFS를 기반으로 커널 부팅이 완료되어 있어야 한다(자세한 과정은 4장 내용 참고).

먼저 led_control.c 파일을 크로스 컴파일러를 통해 컴파일하고, 실행 파일을 NFS 디렉토리의 bin에 복사한다.

```
#arm-linux-gcc -o led_control led_control.c
#cp led_control /home/LDS/LDS2000/NFS/bin
```

minicom 화면에서 응용 프로그램이 삽입되었는지 확인하기 위해 다음과 같이 쉘 프롬프트에서 ls 명령에 의해 파일을 출력해 본다. led_control이라는 응용 프로그램이 확인되면 다음과 같이 응용 프로그램을 실행시킨다. LDS2000의 프로세서 보드에 있는 LED를 보면 점차적으로 점등되는 것을 확인할 수 있다.

```
sh2.03# cd /bin
sh2.03# ls -al
sh2.03# ./led_control
```

제**6**장
KEYPAD 제어 프로그래밍

1 KEYPAD 제어

가. 장치 제어

　임베디드 시스템에서 사용하는 대표적인 입력장치는 키패드(KEYPAD)이다. 기본적으로 키패드는 1~9까지의 숫자와 '*', '#'을 나타내어 입력을 받는다. 스마트폰에서 사용하는 키패드는 다양한 조합을 사용하여 영어, 한국어, 숫자, 특수기호 등을 입력받는다. 하지만 입력되는 문자가 많다고 하더라도 키패드를 이용하는 방법은 동일하다.

　LDS2000에서 KEYPAD의 위치는 그림 6-1과 같다.

그림 6-1　LDS2000의 KEYPAD 위치

나. KEYPAD 제어 흐름

KEYPAD는 각 키들이 가로, 세로 격자 형식의 배선으로 연결된 구조이다. 특정 키가 눌렸을 때 이 키를 검출하려면 세로측에 특정 논리를 부여한후 가로축에 나타난 논리 값을 해석하여 눌려진 키 값을 알 수 있다. 예를 들어, 세로축 가운데 2,5,8,0 키가 배열되어 있는 축에 논리 1을 인가하고 나머지 축은 논리 0을 인가하였다고 가정한다. 이럴 경우에는 2,5,8,0 이외의 다른 키들이 눌렸다고 해도 가로, 세로 격자 배열에 의해 가로축 논리 값은 변화가 없다. 하지만 2, 5, 8, 0 키 가운데 어느 한 키가 눌리면 격자 형식의 구조 때문에 가로축 논리값에 변화가 생긴다. 이때 세로 데이터를 읽어오면 어떤 키가 눌려졌는지를 알 수 있다.

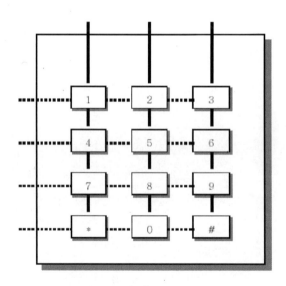

그림 6-2 KEYPAD의 논리적 구성

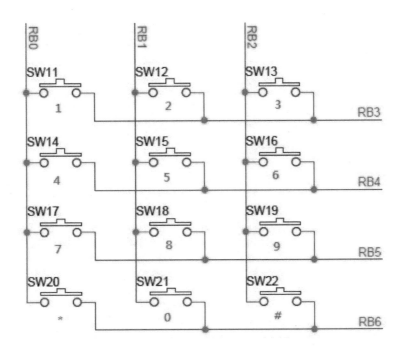

그림 6-3 KEYPAD의 물리적 구성

KEYPAD는 가로, 세로 논리값을 조합하여 눌린 키를 알아내기 때문에 세로축 입력을 넣어주기 위한 쓰기 레지스터와 가로축 값을 읽어 들이기 위한 읽기 레지스터가 필요하다. 예를 들어, 세로축 가운데 2,5,8,0 키가 배열되어 있는 축에 논리 1을 인가하고 나머지 축은 논리 0을 인가하기 위해서는 해당 세로축에 맵핑된 비트만 1로 설정하여 쓰기 레지스터에 데이터를 쓴다. 2, 5, 8, 0 키 가운데 어느 한 키가 눌리면 격자 형식의 구조 때문에 가로축 논리값에 변화가 생기며, 이러한 값은 읽기 레지스터에 입력된다. 시스템에서는 읽기 레지스터에 저장된 값을 읽어와 분석함으로써 어떤 키가 눌려졌는지를 알 수 있다.

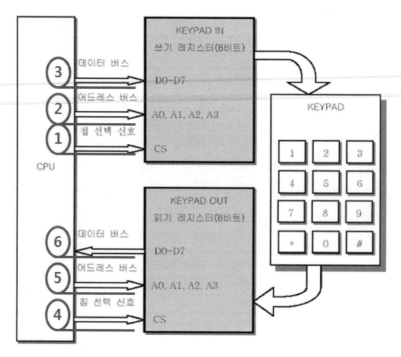

그림 6-4 KEYPAD 제어흐름도

  KEYPAD의 제어흐름도는 그림 6-4와 같다. KEYPAD는 입력신호를 쓰기 위한 IN 레지스터와
출력신호를 읽기 위한 OUT 레지스터를 이용하여 제어된다. 각 레지스터는 CPU와 칩선택신호,
어드레스버스, 데이터버스로 연결되며, 침선택신호는 LED와 마찬가지로 CS2 신호를 사용한
다. 각 레지스터는 할당된 주소에 따라 구분된다.

  CS2 신호에 의해 할당된 주소 영역은 공통적이다. 어드레스 버스의 'A0~An'의 논리 조합을
서로 달리하여 각각의 제어레지스터를 구분하고 접근한다. LED 제어 레지스터를 접근할 때는
LED 제어 레지스터의 주소인 0x08000008을 이용하며, KEYPAD IN 레지스터를 접근할 때는
A3, A2, A1이 101을 갖는 0x0800000A를 통해 접근한다. KEYPAD OUT 레지스터는 A3, A2, A1,
A0가 1100인 0x0800000C를 통해 접근할 수 있다.

표 6-1 KEYPAD 제어 레지스터 주소

제어 레지스터	Address
KEYPAD INPUT Register	0x0800000A
KEYPAD OUTPUT Register	0x0800000C

KEYPAD에 눌린 키 정보를 알기위해 KEYPAD IN 레지스터에 순차적인 논리 1값을 입력하고, KEYPAD OUT 레지스터의 값을 읽어 들여 배열을 검색함으로써 눌린 키를 검출한다. 각 KEYPAD IN 레지스터와 KEYPAD OUT 레지스터의 비트 정의 값은 아래 표와 같다.

표 6-2 KEYPAD IN 레지스터 비트 정의

비트	정의
D0	1, 4, 7, * 키를 검출하기 위한 논리 입력
D1	2, 5, 8, 0 키를 검출하기 위한 논리 입력
D2	3, 6, 9, # 키를 검출하기 위한 논리 입력
D3	인터럽트 허용 (논리 1) / 금지 (논리 0)
D4~D7	사용하지 않음

표 6-3 KEYPAD OUT 레지스터 비트 정의

비트	정의
D0	1, 2, 3 축에서 임의의 키가 눌렸을 때 이를 읽어 들이기 위한 비트
D1	4, 5, 6 축에서 임의의 키가 눌렸을 때 이를 읽어 들이기 위한 비트
D2	7, 8, 9 축에서 임의의 키가 눌렸을 때 이를 읽어 들이기 위한 비트
D3	*, 0, # 축에서 임의의 키가 눌렸을 때 이를 읽어 들이기 위한 비트
D4~D7	사용하지 않음

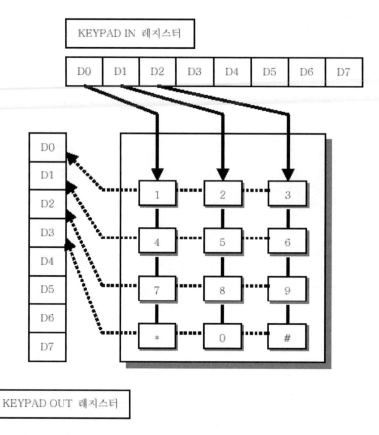

그림 6-5 KEYPAD와 제어 레지스터 관계도

KEYPAD IN 레지스터에 순차적으로 D0, D1, D2에 논리 1을 써주고 그때마다 KEYPAD OUT 레지스터를 읽어 들여서 D0, D1, D2, D3 가운데 논리 1로 인가된 키가 눌린 키이므로 KEYPAD IN 레지스터에 인가한 값과 KEYPAD OUT 레지스터에서 읽은 값을 조합하여 눌린 키를 찾아내면 된다. 예를 들어, KEYPAD IN 레지스터에 0x01 값을 써주면 오직 D0에만 논리 1을 인가된 상태이고 이때 KEYPAD OUT 레지스터를 읽었을 때 만약 0x01 값이 읽혔다면 1번 키가 눌렸으며 만약 0x04 값이 읽혔다면 7번 키가 눌린 것이다. 또한, KEYPAD IN 레지스터에 0x04 값을 써주면 오직 D2에만 논리 1을 인가된 상태이고 이때 KEYPAD OUT 레지스터를 읽었을 때 만약 0x01 값이 읽혔다면 3번 키가 눌렸으며 만약 0x08 값이 읽혔다면 # 키가 눌린 것이다.

2 장치 제어 프로그래밍 기법

가. 가상 주소 프로그래밍

운영체제는 시스템 자원을 보호하기 위하여 일반 사용자가 시스템 영역에 접근하는 것을 차단한다. 운영체제는 메모리 영역을 시스템 영역과 사용자 영역으로 구분하고, 일반 사용자가 시스템 영역을 접근하면 이를 차단하고 오류 메시지를 전송한다.

앞에서 기술한 MSC1의 주소와 KEYPAD IN 레지스터와 KEYPAD OUT 레지스터의 주소는 시스템 영역에 해당하는 물리적인 주소이다. 따라서 사용자의 응용 프로그램에서 이 주소들로 직접 접근을 하게 되면 운영체제는 이를 차단하게 되며, 프로그램은 정상적으로 동작하지 않는다.

응용 프로그램에서 시스템 영역의 물리적인 주소를 사용할 수 있게 하는 방법이 가상 주소를 이용하는 것이다. 가상 주소는 물리적인 주소에 매핑되는 주소이다. 커널 입장에서는 물리적인 주소로 접근하는 것을 차단하고 가상 주소에 의해 동작하길 요구하고 있는데, 이는 메모리와 같은 한정된 자원을 가상 주소란 논리적인 주소를 사용하여 보다 효율적으로 관리하는 동시에 커널과 응용 프로그램을 분리시켜 서로간의 동작에 영향을 미치지 않도록 하기 위함이다. 즉, 가상 주소의 도입에 의해 응용 프로그램이 동작하는 사용자 영역과 커널이 동작하는 커널영역의 구분이 가능해지며 이들간에는 서로 배타적으로 구분되고 있다.

가상 주소를 이용한 프로그래밍 절차는 그림 6-6과 같다.

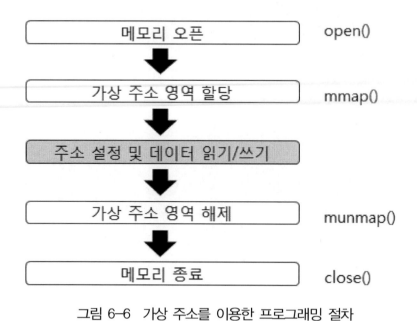

그림 6-6 가상 주소를 이용한 프로그래밍 절차

1) 메모리 오픈

가상 주소를 사용하기 전엔 가상 주소로 사용할 메모리에 대한 지시자를 획득해야 한다. 이와 같은 동작은 open()함수를 이용해서 수행된다.

```
if ((keypad_fd = open("/dev/mem", O_RDWR|O_SYNC)) < 0){
        perror(" Fail:  File Descriptor isn't Opend \n");
        exit(2);
}
```

keypad_fd는 open() 함수를 호출한 응용 프로그램서 가상 주소 할당 함수가 사용 가능하도록 커널이 부여해준 일종의 색인 포인터이다. 커널은 keypad_fd를 참조하여 가상 주소 할당 함수를 호출한 응용 프로그램에게 가상 주소를 전달해 준다.

2) 가상 주소 영역 할당

응용 프로그램에서 물리적인 주소에 해당하는 가상 주소를 획득하는 함수가 mmap() 함수이다. mmap() 함수는 물리 주소를 인자로 하여 그 주소에 대응된 가상 주소를 커널이 반환해준다. 예를 들어, KEYPAD 제어 레지스터들에 접근하기 위해서는 물리적 주소인 0x08000000을 인자로 하여 mmap() 함수를 호출하면 그에 대응된 가상 주소를 반환하게 된다. 반환된 주소는 할당 할 수 있는 가상 주소 영역의 시작 주소이다. 이 가상 주소를 기준으로 오프셋을 변경하며 다른 위치로도 접근이 가능하다. 즉 물리적 주소인 0x0800000에 해당하는 가상 주소를 mmap() 함수를 통해 획득하고, 이 주소에 10을 더하면 KEYPAD IN 제어 레지스터의 물리적인 주소인 0x0800000A에 대응하는 가상 주소를 얻을 수 있고, 이 주소에 12을 더하면 KEYPAD OUT 제어 레지스터의 물리적인 주소인 0x0800000C에 대응하는 가상 주소를 얻을 수 있다.

mmap() 함수에 대한 사용 예는 다음과 같다.

```
mmap_addr = mmap ( NULL,1024 , PROT_READ|PROT_WRITE ,
            MAP_SHARED, keypad_fd , 0x8000000);
```

'keypad_fd'는 mmap()을 사용하기 위해 커널이 부여해준 색인 포인터로써 open() 함수에서 얻어온 값이다. '0x0800000'은 가상 주소와 대응되는 물리적 주소의 시작 위치를 가리킨다. mmap() 호출 후에 반환되는 mmap_addr은 물리적 주소인 0x8000000에 대응된 가상 주소를 갖는 변수이다.

3) 가상 주소 영역 해제

가상 주소의 사용이 종료되면 다른 프로그램들이 가상 주소를 사용할 수 있도록 설정된 영역을 해제해 주어야 한다. 이는 munmap() 함수를 이용하는데, 첫 번째 인자로 mmap()함수의 반환값을 갖고 있는 변수를 사용하며, 두 번째 인자로 할당된 가상 주소 공간의 크기 값을 입력한다.

```
munmap(mmpa_addr, 1024);
```

4) 메모리 종료

가상 주소 영역이 해제되었으면 가상 주소를 획득하기 위해 사용했던 지시자도 종료해 주어야 한다. 이는 close()함수를 사용하며, 인자로 open()함수의 반환값을 갖고 있는 변수를 입력한다.

```
close(keypad_fd);
```

나. 레지스터 읽기/쓰기

KEYPAD를 제어하기 위해서는 KEYPAD IN 레지스터에 데이터를 쓰고, KEYPAD OUT 레지스터의 데이터를 읽어 와야 한다. 따라서 KEYPAD를 제어하기 위해서는 두 레지스터에 대한 포인터를 각각 선언하여 관리해야 한다. KEYPAD IN 레지스터와 관련된 포인터에는 0x0800000A의 주소가 할당되어야 하고, KEYPAD OUT 레지스터와 관련된 포인터에는 0x0800000C의 주소가 할당되어야 한다. 주소가 할당되면 KEYPAD IN 레지스터와 관련된 포인터에는 세로축 설정에 대한 데이터를 입력하고, KEYPAD OUT 레지스터와 관련된 포인터에서는 눌려진 키에 대한 데이터를 읽어 온다. (레지스터에 데이터를 읽고 쓰는 방법은 5장 참조)

```
void KEYPAD_control()
{
    unsigned char *KeypadIn, *KeypadOut;

    KeypadIn = (unsigned char *)(mmap_addr + 10);
                                        /* 0x0800000A */
    KeypadOut = (unsigned char *)(mmap_addr + 12);
                                        /*0x08000000C */
    *KeypadIn = SCAN1;
    if (*KeypadOut == 0x01) printf("1\n");
    if (*KeypadOut == 0x02) printf("4\n");
    if (*KeypadOut == 0x04) printf("7\n");
    if (*KeypadOut == 0x08) printf(" \n");
}
```

3　KEYPAD 제어 프로그램

LED를 제어하기 위한 프로그램의 흐름도는 다음 그림과 같다.

CS2 초기화는 CS2 신호를 발생시키는 과정이며, 이를 수행하기 위한 init_CS2()라는 함수를 작성해야 한다.

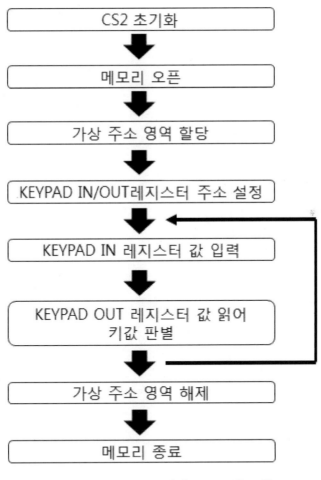

그림 6-7　KEYPAD 제어 프로그램 흐름도

KEYPAD 제어 프로그램의 전체 소스는 다음과 같다.

```c
/* 파일이름 : keypad_control.c */
#include <stdlib.h>
#include <unistd.h>
#include <sys/mman.h>
#include <fcntl.h>

#define SCAN1    0x01
#define SCAN2    0x02
#define SCAN3    0x04


int init_CS2();
int End_CS2();
void user_wait(unsigned int delay_factor);

int main()
{
    int keypad_fd;
    unsigned char *mmap_addr;
    unsigned char *KeypadIn, *KeypadOut;


    #if 1   /* 커널내부에서 CS2 설정해주었기에 생략 */
        if(init_CS2() < 0 ){
            printf("CS2 Init error\n");
                return -1;
        }
    #endif

    if (( keypad_fd = open("/dev/mem", O_RDWR|O_SYNC )) < 0)
    {
        perror("Fail : Keypad File Descriptor open failed.\n");
        return -1;
```

```
    }

    mmap_addr = mmap(NULL, 1024, (PROT_READ|PROT_WRITE), MAP_SHARED, keypad_fd,
0x08000000);

    if (mmap_addr < 0) {
        mmap_addr = NULL;
        printf("Fail : Memory mapping error.\n");
        return -1;
    }

    printf("\n === KEYPAD Demo for LDS2000 ===\n\n");
    printf(" ->Key Function : '#' - Exit key\n");
    printf(" ->Key Function : '*' - Enter key\n");
    printf(" ->Key Function : other - numeric key\n");
    printf(" ----------------------------------\n");

    KeypadIn = (unsigned char *)(mmap_addr + 10);
                                                /* 0x0800000A */
    KeypadOut = (unsigned char *)(mmap_addr + 12);
                                                /*0x08000000C */

    while (1) {
        *KeypadIn = SCAN1;
        user_wait(100);
        if (*KeypadOut == 0x01) printf("1\n");
        if (*KeypadOut == 0x02) printf("4\n");
        if (*KeypadOut == 0x04) printf("7\n");
        if (*KeypadOut == 0x08) printf(" \n");
        while (*KeypadOut != 0x00);

        *KeypadIn = SCAN2;
        user_wait(100);
        if (*KeypadOut == 0x01) printf("2\n");
        if (*KeypadOut == 0x02) printf("5\n");
        if (*KeypadOut == 0x04) printf("8\n");
```

```c
        if (*KeypadOut == 0x08) printf("0\n");
        while (*KeypadOut != 0x00);
        *KeypadIn = SCAN3;
        user_wait(100);
        if (*KeypadOut == 0x01) printf("3\n");
        if (*KeypadOut == 0x02) printf("6\n");
        if (*KeypadOut == 0x04) printf("9\n");
        if (*KeypadOut == 0x08) {
            printf("\n===== Exit =====\n");
            break;
        }
        while (*KeypadOut != 0x00);
    }

    #if 1
        End_CS2();
    #endif

    munmap(mmap_addr, 1024);
    close(keypad_fd);
}

void user_wait(unsigned int delay_factor)
{
    unsigned int i;

    for (i=0; i<delay_factor; i++) ;
}

int init_CS2()
{
    int CS_fd;
    unsigned long *mem_addr_cs, *MSC1Reg;

    if ((CS_fd = open("/dev/mem", O_RDWR|O_SYNC)) < 0) {
        perror("mem open fail\n");
```

```
        return -1;
    }

    mem_addr_cs = mmap(NULL, 1024, (PROT_READ | PROT_WRITE), MAP_SHARED, CS_fd,
0x48000000);

    if ((int)mem_addr_cs < 0) {
        mem_addr_cs = NULL;
        printf("[CS2] mmap error\n");
        return -1;
    }

    MSC1Reg  = (unsigned long *)(mem_addr_cs + 3);
    *MSC1Reg = 0x5AA85AA8;

    munmap(mem_addr_cs, 1024);
    close(CS_fd);

    return 0;
}

int End_CS2()
{
    int CS_fd;
    unsigned long *mem_addr_cs, *MSC1Reg;

    if ((CS_fd = open("/dev/mem", O_RDWR|O_SYNC)) < 0) {
        perror("mem open fail\n");
        return -1;
    }

    mem_addr_cs = mmap(NULL, 1024, (PROT_READ | PROT_WRITE), MAP_SHARED, CS_fd,
0x48000000);

    if ((int)mem_addr_cs < 0) {
        mem_addr_cs = NULL;
```

```
        printf("[CS2] mmap error\n");
        return -1;
    }

    MSC1Reg  = (unsigned long *)(mem_addr_cs + 3);
    *MSC1Reg = 0x5AA85AA0;

    munmap(mem_addr_cs, 1024);
    close(CS_fd);

    return 0;
}
```

4 KEYPAD 제어 프로그램 실행

KEYPAD 제어 프로그램을 LDS2000에서 실행시켜보다. 앞장에서 기술한 것처럼 루트 디바이스로 램 디스크와 NFS를 사용할 수 있다. 응용 프로그램을 작성하고 실행하는 관점에서 NFS가 더 편리하기 때문에 NFS를 기반으로 KEYPAD 제어 프로그램을 실행한다. 따라서 KEYPAD 제어 프로그램을 실행하기 전에 NFS를 기반으로 커널 부팅이 완료되어 있어야 한다(자세한 과정은 4장 내용 참고).

먼저 keypad_control.c 파일을 크로스 컴파일러를 통해 컴파일하고, 실행 파일을 NFS 디렉토리의 bin에 복사한다.

```
#arm-linux-gcc  - o keypad_control keypad_control.c
#cp keypad_control /home/LDS/LDS2000/NFS/bin
```

minicom 화면에서 응용 프로그램이 삽입되었는지 확인하기 위해 다음과 같이 쉘 프롬프트에서 ls 명령에 의해 파일을 출력해 본다. keypad_control이라는 응용 프로그램이 확인되면 다음과 같이 응용 프로그램을 실행시킨다. LDS2000의 프로세서 보드에 있는 KEYPAD를 누르면 minicom 화면에 눌려진 KEYPAD의 값이 나타나는 것을 볼 수 있다.

```
sh2.03# cd /bin
sh2.03# ls -al
sh2.03# ./keypad_control
═════ KEYPAD 입력 ═════
```

제**7**장
7-Segment 제어 프로그래밍

1 7-Segment

가. 장치 개요

LDS2000은 프로세서가 장착되어 있는 프로세서보드와 외부 I/O 장치가 장착되어 있는 확장 보드로 구성된다. 확장보드에는 외부 I/O 장치로 LED, 7-segment, 터치스크린 등이 있다. 확장 보드에 있는 LED는 프로세서 보드에 있는 LED와 동일한 장치이며, LED의 ON/OFF 동작은 5장 에서 기술한 방법과 동일하다. 단지 확장보드에 있기 때문에 제어하기 위한 주소만 다르다.

7-segment는 여러개의 LED를 조합하여 만든 LED 모듈이다.

그림 7-1 7-Segment

LED를 조합할 때 공통단자인 커몬(common)단자를 Anode(+)를 사용한 구조와 Cathod(-)를 사용한 구조로 구분된다(그림 7-2). 7-Segment는 여러 개를 연결할 사용할 수 있다. LDS2000에 는 확장보드에 5개의 7-Segment가 연결되어 있다.

LDS2000에서 7-Segment의 위치는 그림 7-3과 같다.

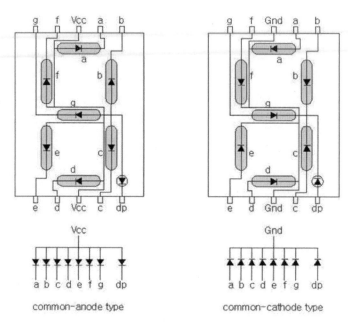

그림 7-2 7-Segment 회로 구조

그림 7-3 LDS2000의 KEYPAD 위치

나. 7-Segment 제어

확장보드에는 5개의 7-Segment를 갖고 있으며, 각각 구분하여 십진 숫자를 표현할 수 있다. 5개의 7-Segment를 구분하기 위해서는 3비트가 필요하며, 0~9와 '.'을 구분하기 위해서는 4비트가 필요하다. 따라서 8비트인 하나의 제어레지스트를 이용하면 7-Segment를 제어할 수 있다. 표 7-1은 제어레지스트의 비트와 할당된 값을 나타낸다.

표 7-1   7-Segment 제어레지스트 비트 할당

7	6	5	4	값	3	2	1	0	값
0	0	0	0	1번째	0	0	0	0	0
0	0	0	1	2번째	0	0	0	1	1
0	0	1	0	3번째	0	0	1	0	2
0	0	1	1	4번째	0	0	1	1	3
0	1	0	0	5번째	0	1	0	0	4
					0	1	0	1	5
					0	1	1	0	6
					0	1	1	1	7
					1	0	0	0	8
					1	0	0	1	9
					1	0	1	0	.

2 장치 제어 프로그래밍 기법

가. 칩셀렉트신호 프로그래밍

앞장에서 기술한 LED와 KEYPAD는 프로세서 보드에 장착되어 있는 외부장치로, CS2 신호에 의해 제어레지스터가 선택되었다. 반면 7-Segment는 확장보드에 장착되어 있는 장치로서, 7-Segment를 구동시키기 위해서는 CS5 신호를 이용해야 한다. CS2 신호와 마찬가지로 CS5 신호를 발생하기 위해서는 PXA255 내부에 위치한 MSC(Static Memory Control Register)의 설정된 정보에 따라 PXA255에 의해 발생하도록 해야 한다. 표 5-2에서 기술한 것처럼 CS5 신호를 발생시키기 위해 MSC2 신호를 발생해야 하며, 이를 위해 0x4800 0010번지에 0x24402448 값을 입력해주어야 한다.

CS2 신호를 발생하기 위한 가상 주소 프로그래밍 절차는 그림 5-4 또는 그림 6-6과 유사하다.

1) 메모리 오픈

가상 주소를 사용하기 전엔 가상 주소로 사용할 메모리에 대한 지시자를 획득해야 한다. 이와 같은 동작은 open()함수를 이용해서 수행된다.

```
if ((CS_fd = open("/dev/mem", O_RDWR|O_SYNC)) < 0){
        perror(" Fail:  File Descriptor isn't Opend \n");
        exit(2);
    }
```

CS_fd는 open() 함수를 호출한 응용 프로그램서 가상 주소 할당 함수가 사용 가능하도록 커널이 부여해준 일종의 색인 포인터이다. 커널은 CS_fd를 참조하여 가상 주소 할당 함수를 호출한 응용 프로그램에게 가상 주소를 전달해 준다.

2) 가상 주소 영역 할당

MSC2의 주소는 0x4800 0010번지이며, CS5신호를 발생하기 위해 입력해야 하는 값은 0x24402448이다.

mmap() 함수를 가상주소를 얻는 예는 다음과 같다.

```
mem_addr_cs = mmap ( NULL,1024, PROT_READ|PROT_WRITE,
              MAP_SHARED, CS_fd, 0x4800000);
```

'CS_fd'는 mmap()을 사용하기 위해 커널이 부여해준 색인 포인터로써 open() 함수에서 얻어온 값이다. '0x48000000'은 가상 주소와 대응되는 물리적 주소의 시작 위치를 가리킨다. mmap() 호출 후에 반환되는 mem_addr_cs는 물리적 주소인 0x4800000에 대응된 가상 주소를 갖는 변수이다.

CS5 신호를 발생하기 위한 레지스터 주소 입력 및 데이터 입력 프로그램 예는 다음과 같다.

```
MSC2Reg = (unsigned long *)(mem_addr_cs + 4)
*MSC2Reg=0x24402448
```

3) 가상 주소 영역 해제

가상 주소의 사용이 종료되면 다른 프로그램들이 가상 주소를 사용할 수 있도록 설정된 영역을 해제해 주어야 한다.

```
munmap(mem_adddr_cs, 1024);
```

4) 메모리 종료

가상 주소 영역이 해제되었으면 가상 주소를 획득하기 위해 사용했던 지시자도 종료해 주어야 한다.

```
close(CS_fd);
```

나. 7-Segment 제어 프로그래밍 기법

CS5 신호에 의해 7-Segment를 제어하기 위한 제어레지스터가 포함된 칩이 선택되면 다른 제어레지스터와 구분하기 위한 7-Segment 제어레지스터의 주소를 할당하고 표시하기 원하는 데이터를 입력해야 한다.

1) 메모리 오픈

open() 함수를 이용하여 가상 메모리에 대한 지시자를 획득한다.

```
if ((Mem_fd = open("/dev/mem", O_RDWR|O_SYNC)) < 0){
       perror(" Fail:  File Descriptor isn't Opend \n");
       exit(2);
  }
```

2) 가상 주소 영역 할당

7-Segment 제어레지스터의 주소는 CS5 기본 주소인 0x14000000에 0터80000을 더한 0x14080000이다. 이에 대한 mmap() 함수를 가상주소를 얻는 예는 다음과 같다.

```
mem_addr = mmap ( NULL,1024, PROT_READ¦PROT_WRITE,
          MAP_SHARED, Mem_fd, 0x14080000);
SevenSegReg = (unsigned char *)(mmap_addr);
```

SevenSegReg는 7-Segment 제어레지스터의 가상주소를 나타낸다. 이 레지스터에 표시하고
자 하는 값을 입력하면 7-Segment를 제어할 수 있다. 예를 들어 첫 번째 7-Segment의 값을 0으
로 표시하기 위한 프로그램은 다음과 같다.

```
*SevenSegReg=0x00
```

3) 가상 주소 영역 해제

가상 주소의 사용이 종료되면 다른 프로그램들이 가상 주소를 사용할 수 있도록 설정된 영역
을 해제해 주어야 한다.

```
munmap(mem_adddr, 1024);
```

4) 메모리 종료

가상 주소 영역이 해제되었으면 가상 주소를 획득하기 위해 사용했던 지시자도 종료해 주어
야 한다.

```
close(Mem_fd);
```

3 7-Segment 제어 프로그램

7-Segment를 제어하기 위한 프로그램의 흐름도는 다음 그림과 같다.

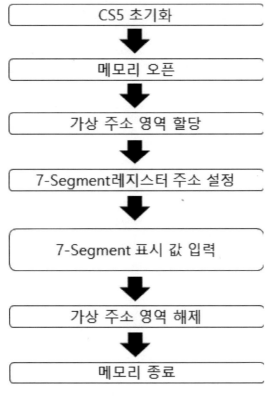

그림 7-4   7-Segment 제어 흐름도

CS5 초기화는 CS5 신호를 발생시키는 과정이며, 이를 수행하기 위한 init_CS5()라는 함수를 작성해야 한다.

5개의 7-Segment중 첫 번째부터 1~9와 .을 표시하는 프로그램 예는 아래와 같다.

```
/* 파일이름 : seven_control.c */
#include <stdlib.h>
#include <unistd.h>
#include <sys/mman.h>
#include <fcntl.h>

int init_CS5();

int main()
{
    int Mem_fd;
    unsigned char *mmap_addr;
    unsigned char *SevenSegReg;

    printf("\n----- 7-Segment Test Program ------\n");

    init_CS5();

    if ((Mem_fd = open("/dev/mem", O_RDWR|O_SYNC)) < 0){
        perror(" Fail:  File Descriptor isn't Opend \n");
        return  -1;
    }

    mmap_addr =
        mmap(NULL,1024,(PROT_READ|PROT_WRITE),
        MAP_SHARED, Mem_fd, 0x14080000);

    if (mmap_addr < 0) {
        mmap_addr = NULL;
        printf(" Fail: Memory mapping error\n");
        return -1;
    }

    SevenSegReg = (unsigned char *)(mmap_addr);

    *SevenSegReg=0x00;
```

```
printf( " -----> 1 7-Segment   \n " );
*SevenSegReg=0x00;
sleep(1);
*SevenSegReg=0x01;
sleep(1);
*SevenSegReg=0x02;
sleep(1);
*SevenSegReg=0x03;
sleep(1);
*SevenSegReg=0x04;
sleep(1);
*SevenSegReg=0x05;
sleep(1);
*SevenSegReg=0x06;
sleep(1);
*SevenSegReg=0x07;
sleep(1);
*SevenSegReg=0x08;
sleep(1);
*SevenSegReg=0x09;
sleep(1);
*SevenSegReg=0x0A;
sleep(1);

printf( " -----> 2 7-Segment   \n " );
*SevenSegReg=0x10;
sleep(1);
*SevenSegReg=0x11;
sleep(1);
*SevenSegReg=0x12;
sleep(1);
*SevenSegReg=0x13;
sleep(1);
*SevenSegReg=0x14;
sleep(1);
*SevenSegReg=0x15;
```

```
sleep(1);
*SevenSegReg=0x16;
sleep(1);
*SevenSegReg=0x17;
sleep(1);
*SevenSegReg=0x18;
sleep(1);
*SevenSegReg=0x19;
sleep(1);
*SevenSegReg=0x1A;
sleep(1);

printf( " -----> 3 7-Segment   \n " );
*SevenSegReg=0x20;
sleep(1);
*SevenSegReg=0x21;
sleep(1);
*SevenSegReg=0x22;
sleep(1);
*SevenSegReg=0x23;
sleep(1);
*SevenSegReg=0x24;
sleep(1);
*SevenSegReg=0x25;
sleep(1);
*SevenSegReg=0x26;
sleep(1);
*SevenSegReg=0x27;
sleep(1);
*SevenSegReg=0x28;
sleep(1);
*SevenSegReg=0x29;
sleep(1);
*SevenSegReg=0x2A;
sleep(1);
```

```
        printf( " ----> 4 7-Segment   \n " );
        *SevenSegReg=0x30;
        sleep(1);
        *SevenSegReg=0x31;
        sleep(1);
        *SevenSegReg=0x32;
        sleep(1);
        *SevenSegReg=0x33;
        sleep(1);
        *SevenSegReg=0x34;
        sleep(1);
        *SevenSegReg=0x35;
        sleep(1);
        *SevenSegReg=0x36;
        sleep(1);
        *SevenSegReg=0x37;
        sleep(1);
        *SevenSegReg=0x38;
        sleep(1);
        *SevenSegReg=0x39;
        sleep(1);
        *SevenSegReg=0x3A;
        sleep(1);

        printf( " ----> 5 7-Segment   \n " );
        *SevenSegReg=0x40;
        sleep(1);
        *SevenSegReg=0x41;
        sleep(1);
        *SevenSegReg=0x42;
        sleep(1);
        *SevenSegReg=0x43;
        sleep(1);
        *SevenSegReg=0x44;
        sleep(1);
        *SevenSegReg=0x45;
```

```
    sleep(1);
    *SevenSegReg=0x46;
    sleep(1);
    *SevenSegReg=0x47;
    sleep(1);
    *SevenSegReg=0x48;
    sleep(1);
    *SevenSegReg=0x49;
    sleep(1);
    *SevenSegReg=0x4A;
    sleep(1);

    printf("---------- Exit  ------------\n");

    munmap(mmap_addr, 1024);
    close(Mem_fd);

    return 0;
}

int init_CS5()
{
    int CS_fd;
    unsigned long *mem_addr_cs, *MSC2eg;

    if ((CS_fd = open("/dev/mem", O_RDWR|O_SYNC)) < 0) {
        perror("mem open fail\n");
        return -1;
    }

    mem_addr_cs = mmap(NULL, 1024, (PROT_READ |
        PROT_WRITE), MAP_SHARED, CS_fd, 0x48000000);

    if ((int)mem_addr_cs < 0) {
        mem_addr_cs = NULL;
        printf("[CS2] mmap error\n");
```

```
        return -1;
    }

    MSC2Reg  = (unsigned long *)(mem_addr_cs + 4);
    *MSC1Reg = 0x24402448;

    munmap(mem_addr_cs, 1024);
    close(CS_fd);

    return 0;
}
```

우분투 기반 임베디드 프로그래밍

1판 1쇄 발행   2015년 01월 25일
1판 2쇄 발행   2021년 02월 01일
저   자 노선식
발 행 인 이범만
발 행 처 **21세기사** (제406-00015호)
            경기도 파주시 산남로 72-16 (10882)
            Tel. 031-942-7861   Fax. 031-942-7864
            E-mail : 21cbook@naver.com
            Home-page : www.21cbook.co.kr
            ISBN 978-89-8468-561-1

정가 13,000원